Colección

Debates Constitucionales

José Tudela Aranda
(dir.)

Josep Maria Castellà Andreu
Fernando Reviriego Picón
(coords.)

LA DESPARLAMENTARIZACIÓN DEL SISTEMA POLÍTICO ESPAÑOL

ESPERANZA GÓMEZ CORONA

LA DESPARLAMENTARIZACIÓN DEL SISTEMA POLÍTICO ESPAÑOL

Marcial Pons

Fundación Manuel Giménez Abad

MADRID | BARCELONA | BUENOS AIRES | SÃO PAULO
2025

© Esperanza Gómez Corona
© Fundación Manuel Giménez Abad
© MARCIAL PONS
  EDICIONES JURÍDICAS Y SOCIALES, S. A.
  San Sotero, 6 - 28037 MADRID
  ☎ (91) 304 33 03
  www.marcialpons.es
  ISBN: 978-84-1381-897-9

Depósito legal: M 23427-2025

Fotocomposición y diseño de la cubierta: ene estudio gráfico
Impresión: SAFEKAT, S. L.
C/ Laguna del Marquesado, 32 L
28021, Madrid
MADRID, 2025

Para Livia,
mi niña de ojos de almendra

ÍNDICE

Introducción

El sistema parlamentario que dibuja el constituyente de 1978 sitúa a las Cortes Generales en el centro de la vida política española, convirtiéndolas en el único órgano que goza de legitimidad democrática directa y tiene atribuidas las más importantes funciones constitucionales: la actualización de la voluntad constituyente mediante la potestad legislativa, la aprobación de las cuentas anuales y el control de la acción del gobierno. Pero antes que todo ello y como primera misión constitucional, el Congreso de los Diputados tiene la responsabilidad de investir a la presidencia del gobierno.

No solo eso. Su legitimidad democrática directa hace que participe de la elección de miembros de importantes órganos constitucionales como el Tribunal Constitucional, el Consejo General del Poder Judicial o el Defensor del Pueblo, necesarios para que todo el engranaje de nuestro sistema constitucional funcione adecuadamente.

Este modelo parecía funcionar relativamente bien, con alguna salvedad relativa a la designación de miembros de otros órganos constitucionales, sustentando una alternancia bipartidista casi perfecta, que permitía, por un lado, la gobernabilidad del Estado sin sobresaltos y, por otro, daba respuesta a las realidades vascas y catalanas, que desde las primeras Cortes democráticas ostentan representación parlamentaria de corte nacionalista. De esta manera, en las diez primeras legislaturas, hasta las generales de diciembre de 2015, en España habíamos tenido un total de cinco mayorías absolutas y el resto, gobiernos monocolor del partido ganador de las elecciones, PSOE o PP, con apoyo de los nacionalistas vascos y catalanes.

Pero a partir de las elecciones de 2015 asistimos a una situación de inestabilidad institucional como nunca habíamos vivido en nuestra reciente historia democrática, que impide al Parlamento cumplir con normalidad sus funciones constitucionales, con el menoscabo que eso supone para el sistema democrático en su conjunto. La principal causa parece estar en la aparición de nuevos partidos de ámbito estatal, que irrumpen con fuerza en las elecciones de 2015, alterando todo el panorama institucional, conformado hasta entonces por dos grandes partidos, PSOE y PP, que se alternan en el gobierno ya sea en solitario o con el apoyo parlamentario de las fuerzas nacionalistas catalanas y vascas, como se ha dicho.

En las elecciones de 2015, Podemos y sus confluencias irrumpen con fuerza, obteniendo 71 escaños y Ciudadanos, un partido con representación únicamente en el Parlamento catalán hasta la fecha, 41. Por su parte, el Partido Popular quedaría con una representación de 112 escaños y el Partido Socialista, 86. Esto iba a afectar necesariamente a la vida parlamentaria, que hasta la fecha había girado en torno a los dos grandes partidos y a los apoyos que unos y otros pudieran concitar.

También del lado de los nacionalismos periféricos se producen novedades, con un incremento paulatino del número de fuerzas que los representan en el Congreso y del peso relativo que van adquiriendo. Así, la tradicional Convergencia i Unió, que había llegado a contar con 16 escaños en la X Legislatura, comienza a perder fuerza tras sufrir alguna mutación y la radicalización de sus posiciones soberanistas, para acabar reconvertida en Junts per Catalunya en la XIII Legislatura, pero con siete escaños.

Por su parte, Esquerra Republicana de Catalunya que en la IX y X Legislatura tenía tres escaños, en la XI consigue nueve, que repite en la XII.

Del lado del nacionalismo vasco, la normalización política del sector más radical, una vez derrotado el terrorismo de ETA, lo convierte en un actor válido para la negociación con distintos gobiernos del Partido Socialista, dejando el PNV de ser el único actor relevante para ese fin en las últimas legislaturas.

Esta nueva situación parecía vaticinar una revitalización de un Parlamento que hasta la fecha se había mostrado demasiado dócil con los gobiernos que sustentaba y, en consecuencia, mayor dinamismo de las Cámaras, más plurales en cuanto a su composición y, por tanto, con una correlación de fuerzas no necesariamente lineal con el Ejecutivo de turno. Pero, en contra de lo previsible, acabamos asistiendo a una situación de inestabilidad política desconocida en nuestra historia reciente, con dos disoluciones anticipadas por falta de acuerdo para investir a un Presidente del gobierno; candidatos que renuncian a someterse a la investidura tras la designación real, como fue el caso de Mariano Rajoy o, candidatos que tras la primera votación fallida, no se someten a una segunda, puede que por el miedo a salir investidos cuando preferían segundas elecciones.

También hemos asistido a la paradoja de cinco presupuestos aprobados en una misma legislatura, con la intención de dejar las cuentas aprobadas ante la previsión de la pérdida de la mayoría absoluta tras las elecciones. Y a la dificultad cada vez mayor de aprobar los nuevos. Una moción de censura que ha prosperado por primera vez, un uso inimaginable del veto gubernamental a las iniciativas legislativas con el argumento de que entrañaban repercusiones presupuestarias y el uso de los escaños para impedir la renovación de órganos constitucionales fundamentales. Aunque esto último no es tan nuevo. Todo ello se inicia en la duodécima legislatura, después de la fallida undécima, que hubo que disolver ante la falta de acuerdo para la investidura una vez cumplido el plazo que establece el art. 99.5 CE.

Por si fuera poco, todo este escenario viene a complicarse en 2020, tras una nueva XIII legislatura fallida, recién constituida la XIV Legislatura, con la declaración del estado de alarma motivado por la emergencia sanitaria provocada por el coronavirus, el 14 de marzo de 2020 hasta el 21 de junio de ese mismo año. Y la declaración de un nuevo estado de alarma, el 25 de octubre de 2020, esta vez utilizando la técnica de una única prórroga, que iba a alargarse seis meses, hasta el 9 de mayo de 2021. Período de tiempo en el que se relega al Parlamento a un segundo plano en un momento en el que la Constitución parece sugerir todo lo contrario.

Las medidas adoptadas bajo el primer estado de alarma, incluyendo el confinamiento prolongado de toda la población, obligaron a la adopción de medidas en las Cortes Generales para compaginar su funcionamiento con el necesario distanciamiento social, es decir, físico, que la lucha contra la pandemia imponía. Ello provocó que las Cortes tuvieran que funcionar con un número reducido de miembros por Grupo Parlamentario y la generalización del voto telemático en las Cortes Generales, alterando el esquema clásico de la representación, basado en la presencialidad física, que el Tribunal Constitucional había defendido con vehemencia poco tiempo antes, con motivo del conflicto catalán y la intención de Puigdemont de presentarse a una investidura participando en el debate por vía telemática, dado que se encontraba en Bélgica.

En la última parte de la XIV Legislatura sin embargo y, contra todo pronóstico, asistimos a una revitalización de la actividad parlamentaria que retoma con normalidad la potestad presupuestaria y, sobre todo, la legislativa, aunque con caracteres propios, que veremos más adelante.

La XV Legislatura comienza de manera convulsa, con dudas acerca de la persona a designar como candidata a la presidencia del gobierno, si la del partido con más escaños o la que parece concitar más apoyos parlamentarios. Las cuestiones constitucionales no terminarían con la investidura del presidente, sino que se acrecentarían con la presentación, por parte del Grupo Parlamentario socialista, de una proposición de ley de amnistía, fruto del pacto de investidura con los partidos nacionalistas catalanes.

A la polarización presente en la sociedad española en torno a esta cuestión hay que añadir la convocatoria y celebración de elecciones al Parlamento gallego, vasco y catalán en el primer año de vida de la legislatura. De hecho, la dificultad del gobierno catalán para aprobar sus presupuestos provoca la convocatoria de elecciones autonómicas y, como efecto reflejo, el anuncio por parte del gobierno de la nación de su intención de no presentar proyecto de Presupuestos Generales del Estado para el año 2025, incumpliendo así la obligación constitucional de presentarlos antes del 1 de octubre.

La llegada de Trump al Gobierno de Estados Unidos el 20 de Enero de 2025 y su posición sobre el genocidio de Gaza y la invasión de Ucrania por parte de Rusia, unida a una guerra comercial sin precedentes, vendría a añadir incertidumbre en el ámbito internacional, con una OTAN exigiendo a sus miembros una importante subida en el gasto militar. A nivel interno, el escándalo de corrupción provocado por el ex-ministro Ábalos, su asesor Koldo García y el hasta la fecha secretario de organización del Partido Socialista, Santos Cerdán provocarían un tsunami en las filas socialistas, apuntando a la línea de flotación del gobierno Sánchez.

Capítulo I

La posición de las Cortes Generales en el sistema parlamentario español. Un breve apunte sobre un modelo *excesivamente* racionalizado

Nuestra Constitución opta de manera clara por un sistema parlamentario de gobierno racionalizado, que refuerza la posición del Ejecutivo frente a las Cortes Generales, depositarias de la voluntad general. En esta decisión pesaron tanto las experiencias propias, como las vividas en el continente europeo, que acabaron influyendo de manera decisiva en los redactores de la Constitución (Paniagua Soto, 2020:4 y 5).

En el origen de este diseño late una preocupación compartida por la estabilidad y la eficacia gubernamental, en cuyo origen se encuentra lo que Fernández-Miranda Campoamor (2020: 855) ha calificado como los dos fantasmas de la Transición: «el fantasma de la fragmentación de las Cámaras y el fantasma de la atomización, debilidad e inconsistencia de los partidos políticos». En un momento tan delicado preocupa mucho que los gobiernos surgidos tras las elecciones no fueran capaces de afrontar los cambios necesarios para consolidar la incipiente democracia española. De ahí, que se optara por un sistema electoral proporcional corregido, para no fomentar una excesiva fragmentación de las Cámaras y por un sistema parlamentario de gobierno racionalizado, con mecanismos para fortalecer al Ejecutivo en un momento clave. Y una estructura organizativa de las Cámaras que fortalece sobremanera a los partidos políticos al articular todas las iniciativas relevantes en torno a los Grupos Parlamentarios a los que además dotan de cuantiosos recursos económicos que permiten transferir a los partidos como un mecanismo ordinario de financiación.

En este contexto, el sistema parlamentario de gobierno se adereza de elementos destinados a dotar de estabilidad al gobierno y a convertir el Parlamento en un mero ratificador de las políticas gubernamentales, que necesitan su intervención formal para poder ser puestas en práctica. Y ello se hace con medidas de tres tipos: de *legitimación del gobierno y reforzamiento de la figura de la presidencia* en primer lugar, *electorales* en segundo y, por último, de *organización y procedimiento interno* de las Cámaras parlamentarias (Fernández-Miranda Campoamor, 2020:856).

Ha sido tal el éxito de estas medidas, destinadas a neutralizar los posibles peligros del sistema parlamentario, que, entre nosotros, se ha hablado de Parlamento *frenado*, utilizando la misma expresión que Loewenstein en relación con el modelo de la Constitución francesa de 1958 (Paniagua Soto, 2020), *diluido* (Gómez Corona, 2021) o *difuminado* (Ruiz Robledo, 2023).

Desde este punto de vista, el modelo ha resultado exitoso y nuestro sistema ha permitido gobiernos fuertes y estables y la consolidación de partidos políticos poderosos, quizá en exceso. Como efectos indeseados, el monopolio absoluto de los partidos en la vida pública institucional y un alejamiento progresivo de los ciudadanos de las instituciones representativas, que explica en parte lo sucedido a raíz de las movilizaciones del 15 M, en 2011 (Castellá Andreu, 2012:74). Empecemos por el diseño constitucional del sistema parlamentario.

1. LEGITIMACIÓN DEL GOBIERNO Y REFORZAMIENTO DE LA PRESIDENCIA

Ya hemos destacado como nuestro sistema parlamentario es del tipo racionalizado, es decir, una modalidad del parlamentarismo «consistente en incluir en las Constituciones (y por tanto «positivizar») medidas destinadas a dar una mayor estabilidad a los Gobiernos frente a las embestidas de oposiciones negativas, capaces de derribar gobiernos, pero no de hallar alternativas para sustituirlos» (FERNÁNDEZ SARASOLA, 2004:154). El término fue acuñado por Mirkine-Guetzévich en la década de 1930 y tiene su origen en el parlamentarismo inglés del siglo XVII, extendiéndose luego por toda Europa (RUIZ ROBLEDO, 2023: 65).

Nuestra Constitución recoge este modelo en el Título V, *De las relaciones entre el Gobierno y las Cortes Generales*, con una redacción que ni la Constitución francesa ni la alemana se atreven a hacer, colocando al Ejecutivo por delante del Legislativo, cuando lo lógico hubiera sido hacerlo al revés, siguiendo la misma estructura constitucional que llevó a dedicar el Título III a las Cortes y el IV, al Gobierno.

El diseño constitucional está configurado para facilitar la elección de la presidencia del gobierno y dificultar su cese y control. De esta manera, la elección del titular del Ejecutivo requiere mayoría absoluta solo en primera votación, bastando la mayoría simple cuarenta y ocho horas después. En la misma línea, la cuestión de confianza, que de no ser superada supondría la dimisión inmediata del presidente del gobierno, se supera con la mayoría simple de los votos. Por el contrario, la moción de censura, además de contar con un candidato alternativo, necesita de la mayoría absoluta de los miembros de la Cámara para triunfar.

La investidura aparece regulada con todo detalle en el art. 99 CE y cuenta con la intervención de la Presidencia de las Cortes y del Rey, que solo puede proponer a la persona candidata tras una ronda de consultas con los representantes designados por los Grupos políticos con presencia parlamentaria, en un intento mal disimulado de evitar lo sucedido en la Restauración y la Segunda República, la propuesta de candidato por el Jefe del Estado al margen de la voluntad de las Cortes (Ruiz Robledo, 2023:80).

Asimismo, la opción del Reglamento Parlamentario por un sistema de votación pública por llamamiento hace mucho más difícil las sorpresas que podrían dar miembros del Congreso que decidieran no seguir la disciplina de voto de su grupo parlamentario, amparados en el anonimato[1].

Debido a la responsabilidad solidaria del Consejo de Ministros prevista en el art. 108 CE, los titulares de los Departamentos Ministeriales solo pueden ser revocados por la Presidencia del Gobierno, que es la que responde de manera directa ante el Congreso, algo lógico teniendo en cuenta que la investidura únicamente vincula al Congreso de los Diputados con la persona candidata luego elegida, sin que esa relación de confianza se extienda al resto del Gobierno. Como es sabido, el titular de la presidencia del Gobierno tiene libertad para nombrar y separar a sus ministros, sin necesidad de aprobación por el Congreso, que solo puede mostrar su descontento o disconformidad con la acción de los ministros mediante una moción de reprobación sin efectos jurídicos concretos, como veremos.

Esta necesaria confianza puede ser removida a través de una moción de censura, prevista entre nosotros como constructiva y con importantes limitaciones que garantizan que cuando la persona titular de la presidencia es removida del cargo por otra, esa otra cuenta con la mayoría suficiente para garantizar la estabilidad del gobierno, siguiendo el modelo alemán. Así, la Constitución exige la interposición por al menos una décima parte de los miem-

---

[1] Art. 85.2 RC: «Las votaciones para la investidura del presidente del Gobierno, la moción de censura y la cuestión de confianza serán en todo caso públicas por llamamiento».

bros del Congreso (35), da un período de reflexión hasta la votación, exige mayoría absoluta y, como elemento fundamental, la designación de un candidato o candidata alternativa que resultaría automáticamente investida de alcanzarse la mayoría absoluta. Si la moción de censura no saliera adelante, los diputados y diputadas firmantes no podrían interponer otra nueva en el mismo período de sesiones.

Esta opción por el modelo alemán de moción de censura constructiva, prevista en aras a la estabilidad, ha sido recientemente cuestionada a la luz de la experiencia de la única moción que ha prosperado entre nosotros, la presentada en 2018 y que acabó con el cese de Mariano Rajoy y el nombramiento de Pedro Sánchez. Sobre este particular, MORALES ARROYO (2024:199) ha apuntado que quizá el modelo de moción de censura tradicional habría resultado menos traumático, al permitir la continuidad del gobierno en funciones hasta tanto se conformara uno nuevo en torno a un programa de mínimos y, de no conseguirse, la disolución de las Cortes Generales y convocatoria de elecciones generales. En cambio, continúa el autor, se forma un Gobierno minoritario y débil, con un programa impracticable por falta de consenso, lo que acabó generando más inestabilidad que la disolución y consulta al electorado, que se tuvo que producir en menos de un año.

Como contrapeso a la posibilidad de remoción vía moción de censura, la Constitución atribuye a la presidencia del gobierno la facultad de disolución de las Cámaras, así como la potestad de presentar una cuestión de confianza, que requiere de deliberación previa en el Consejo de Ministros, pero cuya decisión recae en la presidencia del ejecutivo, reforzando ese vínculo con la Cámara Baja (arts. 112 y 115 CE). Se puede presentar en momentos de cierta convulsión para demostrar que, a pesar del ruido que pueda hacer la oposición, se sigue contando con la confianza del Congreso, bastando la mayoría simple para superarla.

La disolución surge, cómo nos recuerda Ruiz Robledo (2020:200), como arma disuasoria frente a la tentación
de diputados díscolos de la mayoría parlamentaria de no
apoyar iniciativas gubernamentales. La mera posibilidad
de verse ante unas nuevas elecciones que les hicieran perder su escaño les hará reconsiderar ciertas posturas. Sin
embargo, entre nosotros, la estructura fuertemente jerar-
quizada de los partidos políticos hace impensable un supuesto de ese tipo, en el que los diputados del partido que
ostenta la presidencia puedan poner en riesgo la estabilidad del Ejecutivo, por lo que la disolución se ha convertido en un arma en manos del Gobierno para convocar
elecciones en función de sus intereses electoralistas.

También permite resolver crisis de gobernabilidad,
dando la palabra al electorado. Como la de Adolfo Suárez en 1982 por la no aprobación del Presupuesto de un
gobierno en minoría, o la disolución anticipada de Felipe
González tras la no aprobación de sus presupuestos para
1996 y la disolución anticipada de Sánchez por el mismo
motivo, en 2019, después de tan solo nueve meses en el
Gobierno fruto de la moción de censura y tras no conseguir el apoyo a su proyecto de presupuestos.

2. Medidas electorales

La doctrina ha dedicado ríos de tinta al estudio de nuestro sistema electoral, calificado de «formalmente proporcional pero con efectos claramente mayoritarios» (Gambino, 2020:921), de «supuestamente proporcional» (Presno
Linera, 2015: 19) e, incluso, de «candado al pluralismo»
(Aranda Álvarez, 2023:17).

El diseño, previsto en la Constitución y desarrollado
por la Ley Orgánica de Régimen Electoral General, está
ya presente en el Decreto-ley de Medidas Electorales de
1977, que rigió la elección de las Cortes que acabarían
siendo constituyentes. El modelo funciona en la práctica
como proporcional con un importante sesgo mayoritario,

provocando una significativa reducción de la complejidad manifestada en las urnas.

Al parecer, el constituyente no buscaba solo reducir esa complejidad social para garantizar gobiernos estables, sino que esa simplificación se pretendió hacer desde uno de los extremos del tablero electoral. Así lo relata uno de los redactores de la Constitución, ALZAGA VILLAAMIL (1989:127 y 128), de un modo muy gráfico, tal y como recoge PRESNO LINERA (2015:15 y 16).

«El sistema electoral español es absolutamente original, e infinitamente más original de lo que parece a primera vista, y es bastante maquiavélico. Es original porque el procedimiento se basa en la Ley de 1908 y es bastante maquiavélico porque la ley actual es esencialmente una reproducción del Decreto-ley del 77, y tal Decreto, formalmente pactado por el Gobierno predemocrático con las fuerzas de la oposición, fue elaborado por expertos, entre los cuales tuve la fortuna de encontrarme, y el encargo político real consistía en formular una ley a través de la cual el Gobierno pudiese obtener mayoría absoluta. Puesto que los sondeos preelectorales concedían a la futura Unión de Centro Democrático un 36-37 por ciento de los votos, se buscó hacer una ley en la que la mayoría absoluta pudiese conseguirse con alrededor del 36-37 por 100. Y con un mecanismo que en parte favorecía a las zonas rurales, donde en las proyecciones preelectorales UCD era predominante frente a las zonas industriales, en las que era mayor la incidencia del voto favorable al Partido Socialista [...]. [Además,] se procuraba que el logro de la mayoría absoluta para el Partido Socialista estuviera situado no en el 36-37 por 100, sino en el 39-40 por 100».

Con todo, el sistema no logró impedir varias mayorías cualificadas del Partido Socialista entonces, ni la irrupción de nuevas fuerzas parlamentarias en nuestro pasado más reciente, aunque es cierto que ha provocado una paulatina reducción del número de partidos presentes en el Congreso de los Diputados, que alcanzaría su punto álgido en la XI Legislatura, cuando los dos grandes partidos llegaron a controlar el 92,27 por ciento de los puestos del Congreso (323 de los 350 diputados).

Este tema ha sido analizado en profundidad por Morales Arroyo (2024) en un trabajo reciente, ofreciéndonos
datos muy reveladores, centrados no solo en el número
de partidos presentes en cada legislatura, sino también en
cuántos de ellos alcanzan el 5 por ciento:

**Número de Partidos con presencia
en el Congreso por legislaturas**

LEGISLATURA	PARTIDOS
I Legislatura	14
II Legislatura	12 (PSC computado por separado)
III Legislatura	14 (PSC computado por separado)
IV Legislatura	17 (PSC, UPN y PP/CG por separado)
V Legislatura	14 (PSC computado por separado)
VI Legislatura	15 (PSC, UPN y IC computados por separado)
VII Legislatura	12 (IC computada por separado)
VIII Legislatura	14 (IC y UPN computados por separado)
IX Legislatura	12 (PSC y UPN computados por separado)
X Legislatura	14
XI Legislatura	9
XII Legislatura	8
XIII Legislatura	17 (PSC, NA+, PP-Foro y dos variaciones territoriales de Podemos computadas por separado)
XIV Legislatura	21 (PSC, NA+, PP-Foro y dos variaciones territoriales de Podemos computadas por separado)
XV Legislatura	12

Fuente: Morales Arroyo (2024)

**Fuerzas políticas con más de un 5 %
de escaños en el Congreso**

LEGISLATURA	PARTIDOS
I Legislatura	3 Partidos
II Legislatura	2 Partidos
III Legislatura	4 Partidos
IV Legislatura	3 Partidos (PSC computado con PSOE obtiene el 5,14 %)
V Legislatura	3 Partidos
VI Legislatura	2 Partidos
VII Legislatura	3 Partidos
VIII Legislatura	2 Partidos
IX Legislatura	2 Partidos
X Legislatura	2 Partidos (CiU se queda en un 4,57)
XI Legislatura	4 Partidos (2 por encima 20 %)
XII Legislatura	4 Partidos (3 por encima 20%)
XIII Legislatura	5 (1 por encima del 20%)
XIV Legislatura	5 (2 por encima del 20%)
XV Legislatura	4 (2 por encima del 20%)

Fuente: Morales Arroyo (2024)

Ciertamente, la combinación del sistema D`Hondt con la elección de la provincia como circunscripción electoral hace muy difícil la representación de los partidos minoritarios, convirtiendo el sistema proporcional en mayoritario en las provincias menos pobladas. A su vez, el modelo introduce importantes diferencias en el valor del voto, resultando muy costoso el escaño en las provincias más pobladas frente a las que lo están menos.

De esta manera, la LOREG fija en dos el mínimo de escaños asignados por la Constitución a cada provincia y en 350 diputados la composición del Congreso. De esta manera, se atribuyen de manera directa 102 escaños (dos por cada una de las 50 provincias, uno a Ceuta y otro a

Melilla), dejando únicamente la asignación de los 248 restantes al criterio de la población. El sistema es completado con una barrera electoral del 3 por ciento, inaplicable en la gran mayoría de las circunscripciones dado que el sistema impide en la práctica la atribución de escaños a las fuerzas que han obtenido menos del 3 por ciento. De esta manera, el sistema electoral fomenta la concentración de voto, impulsa el voto útil y durante mucho tiempo ha reducido la complejidad, favoreciendo un bipartidismo solo limitado por la representación nacionalista en algunas zonas del territorio (FERNÁNDEZ-MIRANDA CAMPOAMOR, 2020:859).

De hecho, se ha discutido mucho sobre la necesidad de cambiar el modelo previsto en la LOREG para hacerlo más proporcional, sin necesidad de acudir a una reforma constitucional. Sería relativamente fácil bajando el mínimo provincial a un diputado, en vez de dos, y subiendo la composición del Congreso al máximo previsto por la Constitución, 400. Eso permitiría aumentar el número de diputados que se reparten en función de la población, acercando el valor del voto en las diferentes provincias y permitiendo la posible entrada de otras fuerzas en aquellas circunscripciones que, por más pobladas, reparten más escaños.

Pero, no solo el diseño de la fórmula electoral del Congreso es la responsable de la relativa reducción del pluralismo político en nuestra Cámara Baja. Toda la regulación electoral contribuye a la obstaculización de la participación política de una manera acorde al principio de igualdad constitucional (PRESNO LINERA, 2015). En este sentido, la financiación pública de los partidos ha jugado un papel esencial, haciendo justo lo contrario que debería, que es mitigar las diferencias entre fuerzas políticas. Por el contrario, ha beneficiado desproporcionadamente a los grandes partidos y ha penalizado a los pequeños, haciendo muy difícil la competición electoral en igualdad de condiciones.

Lo mismo sucede con las normas que establecen el reparto de espacios en los medios de comunicación de titularidad pública, puesto que «la distribución de espacios gratuitos para propaganda electoral se hace atendiendo al número total de votos que obtuvo cada partido, federación o coalición en las anteriores elecciones equivalentes» (art. 61 LOREG). Y, sorprendentemente, ese mismo criterio es el que rige para los medios de comunicación privados, de modo que «más que la igualdad y el pluralismo estará favoreciendo la repetición de los resultados anteriores, a lo que ya "contribuyen" por mandato legal los medios públicos y el sistema de financiación electoral» (PRESNO LINERA, 2015: 37).

A pesar de todos estos problemas, la reforma electoral no ha estado en la agenda de los principales partidos que, si alguna vez la reclamaron, la olvidaron al convertirse en mayoritarios y, en consecuencia, beneficiarios del sistema vigente.

En todo caso, las trabas del sistema electoral no han impedido el surgimiento de nuevos partidos. El descontento manifestado en las calles de manera masiva en 2011, como consecuencia de la grave crisis desatada en 2007 y, sobre todo, de su gestión, permitió poner en solfa el bipartidismo reinante en los últimos treinta y cinco años, con la aparición de dos nuevas fuerzas políticas que irrumpirían en el escenario nacional con fuerza. Podemos y sus confluencias obtuvieron en las elecciones de 2015, 71 escaños. Ciudadanos, por su parte, 40. No fue un fenómeno aislado ni puntual fruto del descontento. En las elecciones generales del 20N de 2019 una nueva fuerza política, Vox, venía a sumarse al elenco de partidos de ámbito estatal con representación parlamentaria, irrumpiendo por primera vez en las Cortes con 52 representantes. De esta manera, cinco formaciones políticas se repartían por primera vez lo que tradicionalmente había estado en manos de tres, contando a Izquierda Unida.

Las medidas electorales no habían podido contener la aparición de tres nuevas fuerzas que, presentes en prácticamente todo el territorio del Estado, se han convertido en determinantes en los años siguientes, poniendo a prueba la eficacia de nuestro sistema parlamentario de gobierno. Pero, sí es cierto, que han resultado un filtro eficaz que ha dificultado mucho el acceso a la vida parlamentaria de formaciones nuevas, que necesitaban de gran respaldo electoral para penetrar en las instituciones representativas.

3. ORGANIZACIÓN Y PROCEDIMIENTO INTERNO DE LAS CÁMARAS PARLAMENTARIAS

El diseño constitucional de las Cortes ya aparecía dibujado en los Reglamentos Provisionales de las Cortes[2], cuyas bases pasarían a la regulación posterior configurando las líneas maestras de nuestro Derecho Parlamentario actual. En ellos se hace recaer todo el protagonismo en los grupos parlamentarios, frente a los parlamentarios individualmente considerados, que prácticamente no conservan facultades individuales más allá de la de presentar preguntas escritas y solicitudes de información. Además, la posibilidad de contar con medios técnicos, que se articula a través de una subvención para el funcionamiento ordinario, se atribuye a los Grupos Parlamentarios siendo prácticamente imposible, más allá del Grupo Mixto, que los representantes puedan disponer de las mismas para apoyar su labor al margen de la organización que su propio grupo haya previsto.

Asimismo, se refuerzan las mayorías parlamentarias en el funcionamiento ordinario de las Cámaras, dejando a las minorías con muy pocas opciones para desempeñar su labor al margen del concurso de la voluntad del grupo o grupos que sustentan al gobierno. En este sentido, los representantes de opciones minoritarias por sí solos no pueden decidir el orden del día de las sesiones ni las admisiones a trámite o la dirección de los debates, los cupos de iniciativas, etc. Todo lo contrario, dado que las decisiones relevantes se adoptan con el concurso de la mayoría que

---

[2] Reglamento Provisional del Congreso de los Diputados, de 13 de octubre de 1977 y Reglamento Provisional del Senado de 14 de octubre de 1977.

sustenta al gobierno y en base, precisamente, a su importancia numérica.

Tampoco en la elección de los órganos de dirección, Mesa y Presidencia, las minorías se encuentran debidamente representadas, de manera que las trabas para la oposición parlamentaria van mucho más allá de su debilidad numérica para adoptar acuerdos y pueden acabar prácticamente sin opciones de impulso político.

En el Congreso, la Mesa está compuesta por un presidente, cuatro vicepresidentes y cuatro secretarios. Su elección, en tres votaciones separadas, hace muy difícil la representación de las minorías si no han pactado con otras fuerzas antes. Como establece el art. 37 del Reglamento del Congreso, los cuatro vicepresidentes se elegirán simultáneamente. Cada diputado escribirá solo un nombre en la papeleta. Resultarán elegidos, por orden sucesivo, los cuatro que obtengan mayor número de votos. En la misma forma serán elegidos los cuatro secretarios.

De esta forma, el diseño constitucional aboga por un Parlamento en el que los grupos mayoritarios tienen todo el protagonismo, contribuyendo a reforzar así la posición de los partidos políticos mayoritarios y las fuerzas minoritarias, con o sin representación en la Mesa, tienen muy poco qué decir sobre los asuntos a tratar y los procedimientos a seguir. La imposibilidad para incluir asuntos en el orden del día, así como las posibilidades de la mesa de retrasar *sine die* debates legislativos, ampliando por ejemplo el plazo de presentación de enmiendas de iniciativas legislativas que no se quieren tramitar, deja a los grupos de la oposición muy mermados en cuanto a posibilidades de ejercer una eficaz labor. Lo mismo sucede con la iniciativa legislativa que ejercen los grupos. Sin el concurso necesario para incluir su toma en consideración en el orden del día, muchas iniciativas decaen con el fin de la legislatura sin haber llegado a debatirse.

Incluso en el caso de la función de control parlamentario, donde los grupos que no sustentan al gobierno deberían tener más protagonismo, el modelo se basa en un sistema de cupos de iniciativas en función de la fuerza numérica que deja muy poco espacio a los que deberían ser los protagonistas de esta función. Piénsese que el sistema se asienta sobre una ficción, la de que el Parlamento controla al gobierno y así diseña esa función, considerando al Parlamento el controlante, asignando esas funciones a los Grupos Parlamentarios y distribuyendo el protagonismo en función de su fuerza numérica.

Pero, como la realidad pasa porque sea la minoría la única interesada en controlar al gobierno y a su mayoría parlamentaria de ratificación, la función de control queda muy debilitada, dado el escaso número de iniciativas con que se cuenta en el cómputo total de las que se tramitan en las Cámaras.

Un ejemplo gráfico de esto es el de las Comisiones de Investigación, que requieren el concurso mayoritario para poder formarse, siendo la mayoría la que controla su composición, los comparecientes y, en consecuencia, las conclusiones a las que se llega, que deben ser aprobadas por el Pleno de la Cámara.

De esta manera, las reglas de funcionamiento interno de las Cámaras integrantes de las Cortes Generales contribuyen también a esa doble función de dotar de preeminencia al Ejecutivo y de fortalecimiento de los partidos políticos. Y ello nos ha conducido a un escenario quizá no previsto, la de un Parlamento débil, en manos del Ejecutivo.

Es cierto que no todo es culpa del diseño institucional, que podría haber dado lugar a la aparición de partidos políticos fuertes y a su vez democráticos. Pero, como sabemos, el diseño electoral de listas cerradas y bloqueadas, la falta de cultura democrática interna y otros factores han provocado que las cúpulas de los partidos tengan un poder prácticamente omnímodo sobre el resto de cargos institucionales, poniendo a los diputados del partido de gobierno al servicio del Ejecutivo, contraviniendo una lógica que debería ser la inversa. De esta manera, la mayoría se somete a las directrices del gobierno que sustenta y para las minorías, la labor parlamentaria se torna realmente difícil.

Capítulo II

La evolución del sistema parlamentario de gobierno durante las diez primeras legislaturas (1979-2015)

Pocas dudas puede haber de que el diseño constitucional cumplió con creces su misión y hemos gozado de años de estabilidad, que han permitido consagrar un sistema fuertemente asentado en partidos políticos poderosos, dos a nivel estatal, que se han ido alternando en el poder con necesidad tan solo de los apoyos puntuales que les prestaban los partidos nacionalistas vascos y catalanes.

De hecho, desde muy pronto se vislumbró cómo, entre nosotros, las relaciones propias del sistema parlamentario de gobierno no se articulaban entre Parlamento y Gobierno sino entre el Ejecutivo y la mayoría que lo sustentaba, por un lado y, la oposición por otra. Aunque esto, más que consecuencia del sistema parlamentario de gobierno es fruto de nuestra propia cultura política.

Ciertamente, la estructura de nuestros partidos políticos, fuertemente jerarquizados y la costumbre de situar a su cúpula en el Ejecutivo, hace que sea precisamente la estructura gubernamental la que domine la acción del Parlamento a través de su mayoría y no al revés, invirtiendo toda la lógica del sistema. Sobre todo, en el caso de gobiernos monocolor, que ha sido la tónica general hasta la décima legislatura. De esta forma, la mayoría parlamentaria no solo no controla al Gobierno, sino que queda en una posición subalterna, dejando que sea el Ejecutivo el que marque el rumbo de toda la actividad parlamentaria.

El gobierno dirige su mayoría parlamentaria y de esta manera, es imposible que las relaciones entre el Parlamento y el Gobierno se desenvuelvan como si este último respondiera ante el primero. Responde ante la oposición y, solo en casos excepcionales, como el de la condena al Partido Popular por el caso Gürtel, los apoyos se pierden hasta el punto de propiciar un cambio de Gobierno y de partido en la misma legislatura.

La tónica general ha sido la estabilidad. Tras una I Legislatura algo más convulsa por la dimisión de Adolfo Suárez en un contexto muy complicado, con intento de Golpe de Estado incluido, el balance del período 1979-2015 es bastante positivo desde el punto de vista de la estabilidad. En concreto, de las diez primeras legislaturas, en cinco de ellas el partido ganador alcanza la mayoría absoluta y gobierna con gran comodidad. Así, en la II Legislatura, el PSOE, con los votos del Partido Socialista de Cataluña, alcanza los 202 escaños. En la III se quedan en los 184 y en la IV, alcanzan los 175 escaños, pero en la práctica supone una mayoría absoluta porque los cuatro diputados de Herri Batasuna no llegan a adquirir la condición plena de diputados. La siguiente mayoría absoluta sería la de José María Aznar, en la VII Legislatura y la última, la de Rajoy, en la Décima.

En las otras tampoco hay grandes sobresaltos. Felipe González, tras encadenar tres mayorías absolutas, con la salvedad vista en la IV, presidiría el gobierno todavía una vez más con el apoyo de los nacionalistas catalanes y vascos. En las elecciones generales de 1993, el Partido Socialista obtuvo un total de 159 escaños, sumados los del Partido Socialista de Cataluña. Convergencia i Unió con 17 escaños y el Partido Nacionalista Vasco con cinco, otorgaron su respaldo a un Felipe González que salió investido en primera votación con un total de 181 votos.

En la VI Legislatura los votos nacionalistas de catalanes y vascos sirvieron para hacer presidente del Gobierno a José María Aznar, que resultó investido con los 156 votos de su partido, los 16 de CiU, los cinco del PNV y los cuatro de Coalición Canaria.

En la VIII Legislatura llega al Gobierno José Luis Rodríguez-Zapatero, con 183 votos del PSOE, ERC, IU, CC, BNG y CHA. En esta ocasión, los nacionalistas de Convergencia i Unió y del PNV se abstuvieron. En la IX, se reedita el gobierno con los solos votos socialistas, 169. En contra, los del Partido Popular, Esquerra Republica de Catalunya y UPyD, y las abstenciones de CiU, ICV, BNG, PNV, CC y NaBai.

Llamativo resulta también que no es necesaria la segunda votación prevista en el art. 99.3 CE hasta la IX Legislatura, con la excepción de la investidura de Calvo Sotelo, en febrero de 1981 tras la dimisión de Adolfo Suárez en la I Legislatura. En ambos casos, el presidente fue elegido en una segunda votación, cuarenta y ocho horas después de la primera, tal y como establece el art. 99.3 CE.

En consonancia con estos resultados, la ronda de consultas con los representantes de los Grupos políticos con representación parlamentaria es meramente testimonial, sin que en ningún momento hubiera duda alguna de quién debía ser la persona propuesta como candidata a la presidencia del gobierno. Se propone y resulta investido en todas las ocasiones el candidato del partido con más apoyos en el Congreso en número de escaños, que a su vez es el candidato del partido con más opciones.

En cuanto a la presentación de mociones de censura, las dos ocurridas en estos años fueron meramente testimoniales (MORALES ARROYO, 2024:197). La primera fue la conocida moción de censura de Felipe González a Adolfo Suárez, en mayo de 1980, presentada sin los apoyos necesarios para prosperar, pero con la intención de dar a conocer el programa de Gobierno ante el Congreso de los Diputados y debilitar a un Gobierno ya de por sí muy débil. Desde este prisma, la moción de censura resultó un éxito y en las siguientes elecciones generales, las de 1982, el Partido Socialista ganaría de manera abrumadora.

La segunda la plantea en marzo de 1987 un desconocido Hernández Mancha, líder de la Coalición Popular y senador, para darse a conocer en la III Legislatura, tras su llegada al cargo. Tampoco consiguió los apoyos necesarios, siendo rechazada. Como pasara con la anterior, en ningún momento los firmantes se plantean que la moción pudiera prosperar, demostrando así que los procesos parlamentarios son siempre multifuncionales (RUBIO LLORENTE, 1997:220).

Con respecto a la cuestión de confianza, únicamente se ha recurrido a ella para confirmar el vínculo entre el titular del Ejecutivo y el Congreso en dos ocasiones. La primera, el 16 de septiembre de 1980 por Adolfo Suárez, que la planteó con motivo de la necesidad de poner en marcha un programa de austeridad económica y de desarrollar el Estado de las Autonomías, en una I Legislatura que ya hemos visto que fue muy convulsa. La segunda, por Felipe González el 5 de abril de 1990, para pedir una «especial política de diálogo» que permitiera llevar a cabo una economía competitiva en el marco de la UE, impulsar la política exterior y progresar en el capítulo de las autonomías. En ambos casos, resultaron exitosas y el presidente siguió en el cargo, al renovar la confianza.

Aunque ha habido momentos que aconsejaban la renovación de la confianza parlamentaria a través de este instrumento, como la aprobación de las medidas antiausteridad por Rodríguez-Zapatero, que llevaron incluso a la reforma constitucional del art. 135 CE, en pleno mes de agosto de 2011 y por el procedimiento de urgencia, ningún presidente ha vuelto a recurrir a este instrumento que, bien utilizado, permite reforzar al Ejecutivo en determinados momentos.

En lo que respecta al ejercicio de las diversas funciones parlamentarias, en el caso de la potestad legislativa, la pérdida de relevancia del Parlamento ha sido clara, dado el manifiesto abuso del Decreto-ley, que se ha ido incrementando con el paso de los años. Con todo, la pérdida de relevancia del Parlamento como legislador tiene además otras causas profundas. En todo caso, el aumento progresivo del protagonismo del Decreto-ley se convierte en un problema sobre todo en las últimas legislaturas, cuando más que competir con la ley parlamentaria, la sustituye.

La tendencia se inicia de manera clara a raíz de la crisis financiera desatada en 2008 y que tendría su punto álgido varios años después. El análisis cuantitativo, si bien no es suficiente para ofrecer una panorámica global sobre la cuestión, sí permite entrever la pérdida de protagonismo parlamentario en la elaboración del Derecho con rango de ley.

LEGISLATURA	Leyes Orgánicas	Leyes Ordinarias	Decretos-ley
I Legislatura	38	231	74
II Legislatura	41	170	39
III Legislatura	18	103	20
IV Legislatura	24	111	30
V Legislatura	38	109	40
VI Legislatura	40	180	85
VII Legislatura	41	151	42
VIII Legislatura	33	107	52
IX Legislatura	26	115	56
X Legislatura	41	128	75
XI Legislatura	2	0	1
XII Legislatura	9	28	65
XIII Legislatura	0	0	7
XIV Legislatura	33	85	92

Fuente: Elaboración propia a partir de los datos oficiales de la página web del Congreso de los Diputados.

En cuanto a la aprobación de los Presupuestos Generales del Estado, la regla general durante las primeras diez legislaturas ha sido la aprobación anual de las mismas con alguna excepción. En 1983, el Gobierno de Calvo-Sotelo, ante su debilidad parlamentaria no elaboró Presupuestos y convocó elecciones. Tuvo que ser el nuevo Gobierno de Felipe González, el que con retraso aprobase los Presupuestos correspondientes a ese año, ya en julio y los mantuvo hasta que, a finales de 1984, se aprobaron los del año 1985.

En 1996, el proyecto de presupuestos fue enmendado a la totalidad por el Parlamento y el presidente del Gobierno, Felipe González disolvió las Cortes. Tras las elecciones, el nuevo Gobierno de Aznar, que tomó posesión en mayo, renunció a reelaborar los Presupuestos para 1996, por falta de tiempo, prorrogándose el resto del año los Presupuestos de 1995.

En la XI Legislatura, el Gobierno de Rodríguez-Zapatero no elaboró los Presupuestos para 2012 por su debilidad parlamentaria y convocó elecciones anticipadas, prorrogándose los de 2011. El nuevo Gobierno de Rajoy tuvo que elaborar unos Presupuestos que entraron en vigor con retraso, en junio de 2012.

En cuanto a su contenido, los Presupuestos se utilizaron durante años para regular cuestiones que en nada tenían que ver con su cometido: la autorización de gasto y previsión de ingresos, hasta que el Tribunal Constitucional puso fin a esta práctica, que se inicia en los Presupuestos para 1983 pero que se empieza a producir, sobre todo, a partir de los de 1990, dándose una auténtica «hiperinflación normativa». A pesar de la práctica unanimidad en torno a la falta de idoneidad de los presupuestos para regular cuestiones que en nada tengan que ver con las cuentas, más allá de la prohibición constitucional contenida en el 134.6 CE, el control de constitucionalidad no fue fácil y el TC elaboró una doctrina que tardó años en poner fin a esta práctica. Para sortearla, el Gobierno comenzó en 1993 a presentar, junto al proyecto de Presupuestos, un proyecto de ley ómnibus, que incluía una gran variedad de materias sin conexión entre sí, con el único objeto de sortear la jurisprudencia constitucional restrictiva.

El hecho de que, entre nosotros, la potestad presupuestaria se ejerza a través de la aprobación de una Ley, la Ley de Presupuestos, dificultó el control de constitucionalidad que al final acabó poniendo fin a esa práctica, retomando el debate en torno a la autonomía de la función presupuestaria de las Cortes Generales. El debate se saldó, como no podía ser de otra manera, con la diferenciación clara entre ambas funciones y la consiguiente limitación a los contenidos propios de la ley de presupuestos (GÓMEZ CORONA, 2008).

Todo este panorama de relativa estabilidad política e institucional cambia a raíz de la crisis económica que sufre nuestro país a partir de 2008 y que tiene su origen en la crisis financiera mundial que comienza con la quiebra de Lehman Brothers y acaba provocando un *Crash* Económico Mundial con efectos muy negativos sobre nuestra economía, que había ido creciendo artificialmente por la llamada burbuja inmobiliaria. La respuesta a la crisis por parte de las autoridades españolas y europeas, basada en la austeridad económica, provocó un gran descontento en la sociedad española, que tendría uno de sus puntos álgidos en un movimiento sin precedentes en nuestra historia más reciente, el 15-M, en 2011. Un movimiento ciudadano, al margen de los partidos políticos y surgido en parte frente a ellos, que supo poner voz a un sentimiento de desafección ciudadana con la clase política que había ido creciendo en los años precedentes. La necesidad de reformas estructurales del sistema, que abogaran por una mayor participación ciudadana en la vida política, así como mayor transparencia en las instituciones para luchar contra la corrupción y la reforma del sistema electoral para hacerlo más proporcional son algunas de sus reivindicaciones principales. El movimiento provocó la aparición de nuevos actores políticos, como Podemos, heredero natural del 15-M y la irrupción en la escena nacional de Ciudadanos, presente entonces tan solo en Cataluña, que cambiarían el escenario electoral español, dando lugar al principio del fin del bipartidismo tal y como lo habíamos vivido desde la Transición.

A todo ello hay que sumar el conflicto catalán, que empieza con la aprobación de un nuevo Estatuto de Autonomía para Cataluña en 2007, recurrido ante el Tribunal Constitucional por diputados del Partido Popular, que habían iniciado incluso procesos de recogida de firmas contra la norma autonómica. Desde ese momento, el conflicto político no para de acentuarse.

La falta de acuerdo político se traslada como tantas otras veces, al Tribunal Constitucional por una oposición, que pretende ganar ante el Alto Tribunal lo que había perdido en las Cortes Generales. La STC 31/2010, de 28 de junio, resuelve la cuestión en un sentido que no se entiende en Cataluña, llevando la tensión política hasta puntos insospechados. Desde ese momento clave, el proceso de desconexión mutua que sufren Cataluña y España no pararía de acentuarse.

A partir de entonces, asistimos a una escalada de tensión política que tiene su punto álgido años después, a partir del año 2015, en que las autoridades catalanas comienzan a seguir una hoja de ruta que involucra de manera especial al *Parlament*, que vería impugnados todas y cada una de sus actuaciones ante el Tribunal Constitucional. Entre ellas, la Declaración Unilateral de Independencia, sin efectos jurídicos pero con un valor simbólico innegable, la celebración de un referéndum no autorizado y que fue duramente reprimido por las Fuerzas y Cuerpos de Seguridad y la activación, por primera vez en nuestra historia, del art. 155 CE, que llevó a «intervenir» de facto a la Comunidad Autónoma por parte de las autoridades centrales.

Este clima de tensión sin precedentes iba a tener su reflejo en el Congreso de los Diputados, en clave de apoyo o no, a los distintos gobiernos de la Nación por parte de las fuerzas catalanas en un momento en el que ni Partido

Popular ni Partido Socialista pueden aspirar a alcanzar mayorías absolutas.

Sea como fuere, lo cierto es que estos hechos acaban provocando enormes desajustes, que afectarían sobre todo al funcionamiento del único órgano legitimado democráticamente de manera directa, el Parlamento, que atravesaría un período de parálisis institucional sin precedentes.

En lo que respecta a la posición del Senado, la evolución del modelo constitucional de bicameralismo imperfecto ha derivado hacia un consolidado bicameralismo desigual, en el que el Congreso tiene todo el protagonismo orgánico (SEIJAS VILLADANGOS, 2023: 31), acentuando la posición subalterna de la Cámara Alta.

En cuanto a la composición del Senado, el sistema mayoritario corregido que se sigue para la elección de los miembros del Senado limita los efectos del pluralismo, ya que la capacidad de las fuerzas políticas minoritarias queda sustancialmente reducida (GUILLÉN LÓPEZ, 2023: 25). En la práctica, esto supone muchas dificultades de acceso a la Cámara Alta debido a la práctica asentada de votar a los tres candidatos de un mismo partido, aunque el voto sea nominal. De esta forma, por provincia, acaban resultando elegidos tres senadores de la fuerza mayoritaria y uno, el cuarto, de la segunda fuerza. A ello hay que añadir que aproximadamente un quinto de los miembros del Senado es elegido por los Parlamentos autonómicos, en un leve intento de responder a su carácter de cámara territorial. Tampoco esta elección es muy plural, teniendo en cuenta que se elige un senador por Comunidad Autónoma más otro por cada millón de habitantes. Como resultado, el pluralismo que, aunque atenuado se ha dado en el Congreso de los Diputados, no ha estado presente en el Senado.

Más allá de eso, el distinto sistema electoral ha tenido un efecto perverso que se ha ido acentuando con los años, al empezar a representar a partir de la V Legislatura una mayoría diferente a la presente en el Congreso. De esta manera, en la V Legislatura, el Grupo Popular es el mayoritario, mientras en el Congreso de los Diputados lo es el Partido Socialista, aunque sin mayoría absoluta. En la VI Legislatura se produce un fenómeno curioso: el Grupo Popular, mayoritario en el Congreso pero sin alcanzar la mayoría absoluta, consigue la mayoría absoluta en el Senado. En la VII, el Grupo Parlamentario Popular tiene la mayoría absoluta en ambas Cámaras.

En la VIII y IX Legislaturas, el Grupo Socialista es el mayoritario en el Congreso, aunque sin mayoría absoluta, mientras que el Popular lo es en el Senado, también con mayoría relativa.

En la X Legislatura, cambian las cosas y el Partido Popular domina con mayoría absoluta ambas Cámaras.

Si bien es cierto que, por la naturaleza de las funciones del Senado, no es una Cámara pensada para hacer de contrapeso al gobierno, el juego de las distintas mayorías sí le ha permitido ejercer esa función cuando su mayoría era de distinto signo a la del Congreso y, en consecuencia, a la del Gobierno. Y así hemos asistido a conflictos, alguno incluso sustanciado ante el Tribunal Constitucional, por la introducción de enmiendas o la presentación de vetos a iniciativas provenientes del Gobierno y apoyadas en el Congreso de los Diputados. En todo caso, el papel preponderante del Congreso de los Diputados permite al Gobierno salvar las diferencias en todos los casos.

No vamos a reproducir aquí el debate en torno a la necesidad de reformar el Senado para adecuarlo a su papel de Cámara de representación territorial y, paliar así algunos de los déficits de nuestro sistema institucional, con pocos espacios de representación y toma de decisiones de las Comunidades Autónomas. Pero sí diremos que el bicameralismo imperfecto presente en la Constitución se ha acentuado con el paso de los años hasta hacer de la Cámara supuestamente territorial, una Cámara de segunda lectura, con poco foco mediático y bastante inoperante para la que debería ser su función primordial: servir de foro entre los distintos territorios presentes en nuestro Estado autonómico.

Sí que ha servido en ocasiones puntuales para oponerse al Gobierno si era de distinto signo, pero la naturaleza de nuestro bicameralismo y, sobre todo, el papel preponderante del Gobierno ha permitido al Ejecutivo salir airoso en todas las ocasiones, como se ha dicho.

Conviene ahora detenerse en el análisis detallado de lo sucedido a partir de las elecciones de 2015, tras las cuales muchos vaticinaron el fin del bipartidismo que acabaría reconvertido, tras las recientes elecciones de 2023 en un bibloquismo fragmentado, como lo ha llamado algún autor (ARANDA ÁLVAREZ, 2023:17).

Capítulo III

La actividad parlamentaria en las legislaturas XI y XII (2015-2019): un parlamento cada vez más desdibujado

Las elecciones de 20 de diciembre de 2015 se saldan con una novedad, la irrupción en el Congreso de los Diputados de dos partidos políticos: Podemos y sus confluencias, herederos directos del 15-M, que alcanza los 71 escaños y Ciudadanos, que hasta la fecha solo contaba con representación en el *Parlament* catalán y que logra 40. El efecto sobre los resultados de los dos grandes partidos es claro. El Grupo Parlamentario Popular baja de los 185 escaños a 119 y el Partido Socialista, de los 110 a 89, dibujando un escenario hasta entonces inédito, con un reparto más plural de los escaños.

La composición de las nuevas Cámaras, con un Congreso de los Diputados conformado por nueve partidos, solo uno más que en la anterior legislatura, presenta la novedad de que cuatro partidos se sitúan por encima del 5 por ciento de los escaños (dos de ellos, por encima del 20), de manera que los dos partidos mayoritarios ya solo controlan el 60 por ciento de los escaños, 210 de 350 (Morales Arroyo, 2024:191).

Ello auguraba una XI legislatura viva, dinámica, con un Parlamento reclamando su centralidad ante la ausencia de mayorías claras de apoyo al Gobierno. Por fin, la correlación de fuerzas Gobierno-mayoría parlamentaria no es tan nítida y la nueva composición del Congreso le dota de cierta autonomía con respecto al Ejecutivo, que podría ser sometido, además, a una fuerte fiscalización.

Sin embargo, nada de eso se produjo. Para empezar, el Congreso elegido en 2015 no pudo cumplir con éxito su primera misión constitucional, la investidura de la presidencia del Gobierno. Es como si el sistema se hubiera adaptado tan bien a la alternancia política de los dos grandes partidos, con gobiernos ampliamente respaldados en el Congreso, que se habría visto desbordado por el cambio producido en la composición parlamentaria.

De hecho, en las Legislaturas XI y XII vamos a asistir a una situación de parálisis institucional sin precedentes, con un Parlamento debilitado a la hora de cumplir sus funciones constitucionales, lo que inevitablemente acabaría afectando a la legitimidad de todo el sistema.

1. LAS RELACIONES ENTRE EL LEGISLATIVO Y EL EJECUTIVO. DE INVESTIDURAS FALLIDAS Y MOCIONES DE CENSURA EXITOSAS

1.1. La investidura de la presidencia del gobierno como primera misión parlamentaria. La XI Legislatura fallida

No cabe duda de que la investidura de la presidencia del Gobierno es la principal misión que las Cortes Generales recién salidas de las urnas tienen encomendada. Tarea que, como es sabido, el art. 99 CE atribuye al Congreso de los Diputados y que requiere la intervención de la Jefatura del Estado y de la presidencia de las Cortes. Esto último, lejos de ser baladí, podría contribuir a explicar algunos de los problemas que se sucedieron para investir a la persona candidata tras las elecciones de 2015 y luego, una vez más, en 2019. Pocos podían augurar que íbamos a vivir en un período tan corto la disolución anticipada de las Cámaras en dos ocasiones ante la falta de acuerdo para la investidura, tal y como establece el art. 99.5 CE.

Ciertamente, tras las elecciones del 20 de diciembre de 2015 y por primera vez en nuestra reciente historia constitucional, asistimos al hecho insólito de que, tras la primera ronda de consultas del monarca con los representantes ·de los distintos partidos con representación parlamentaria, el candidato propuesto, Mariano Rajoy, renuncia a someterse al proceso de investidura con el argumento de que no contaba con los votos suficientes. Ya hemos visto cómo el Partido Popular, pese a ser el mayoritario, contaba solo con 119 escaños, el Partido Socialista con 89 y Ciudadanos con 40.

Este proceso de investidura planteó numerosos problemas constitucionales a los que la Carta Magna no parecía tener respuesta: ¿Es posible renunciar al encargo regio de someterse al procedimiento de investidura? Si eso sucede, ¿cuándo empieza a contar el plazo de dos meses previsto en el art. 99.5 CE? ¿Cuál es el papel de la presidencia del Congreso en este proceso? ¿Y el del Rey?

El desenlace ya lo conocemos. Semanas después de la negativa de Rajoy, el candidato del Partido Socialista, Pedro Sánchez, llega a un acuerdo con Ciudadanos y se postula como candidato tras una segunda ronda de consultas. La votación tiene lugar en marzo de 2016 y fracasa. Es la primera vez que un candidato se somete a una investidura con la certeza de que va a perderla. No será la única a la que asistamos desde entonces, como veremos.

La razón, en todo caso, la puesta en marcha del reloj para el cómputo de los dos meses establecidos en la Constitución para la disolución automática. Tras este intento fallido, el Rey lleva a cabo una tercera ronda de consultas que se salda sin una nueva propuesta y ambas Cámaras se disuelven el 3 de mayo de ese año, tal y como establece el art. 99.5 CE.

Con independencia del lugar en que la renuncia del candidato a ser investido deja a la institución parlamentaria, que es la que tiene la última palabra, hay que considerar si el encargo que otorga la Jefatura del Estado tiene que ser forzosamente cumplido por la persona designada. Todos sabemos que el Parlamento ha dejado de ser un lugar de debate, reflexión y adopción de acuerdos. La fortaleza de los grandes partidos ha desplazado el punto de gravedad. Los pactos se negocian fuera, por las cúpulas de los partidos políticos, en muchas ocasiones más influenciados por gurús de la comunicación política que por pesos pesados de la organización. Sin embargo, renunciar al encargo a la primera porque no se quiere pasar por el trance de debatir y recibir el voto negativo de la Cámara deja al Congreso de los Diputados, al Parlamento, muy mal parado. Supone la asunción de que la exposición del programa electoral por parte de la persona candidata y su posterior debate no tienen la más mínima posibilidad de incidir sobre la posición ya fijada de los distintos partidos presentes en el Congreso.

Una posición radicalmente distinta defiende BLANCO VALDÉS (2017:90), que considera que Mariano Rajoy, en tanto que ganador el 20 de diciembre, no solo no estaba obligado, ni política, ni jurídicamente a aceptar el encargo del Rey, sino que su negativa a acudir al Congreso a solicitar la confianza fue coherente con la naturaleza de la institución prevista en el art. 99 CE, dado que no tenía ninguna posibilidad de resultar investido.

No compartimos esta posición porque las propuestas no siempre se pueden construir sobre certezas, sino que, en ausencia de mayorías claras, la propuesta regia se construye sobre posibilidades numéricas de aproximación a los votos exigibles para la investidura y no en certezas sobre el resultado (BELDA, 2018:29).

A mi juicio, la posibilidad de renuncia no se compadece con el espíritu constituyente. Precisamente porque la propuesta no siempre se puede construir sobre certezas, debería ser la Jefatura del Estado la que la hiciera en base a las posibilidades reales de resultar investido y, si no existen, de proponer a la persona que cuenta con más apoyos parlamentarios en el Congreso de los Diputados, ya sea por sus propios escaños o por los suyos sumados a los de otras fuerzas que han anunciado su voto favorable, teniendo en cuenta también aquellos que anuncian su abstención. Sin embargo, como comprobaremos, en la primera ocasión en la que el candidato del partido mayoritario no contaba con los apoyos necesarios, que sí parecía tener el hasta entonces presidente del gobierno, el monarca ha sido decisivo para designar al candidato. Volveremos sobre ello.

Al margen de las dudas que puedan existir sobre qué candidato tiene que ser propuesto, y que volverán a surgir en la XV Legislatura, lo que parece claro es que una vez que eso se produce, la renuncia al encargo regio reviste gravedad.

Pero, la negativa de Rajoy suponía otro problema no menor, dado que el art. 99.5 CE establece un plazo de dos meses desde la primera votación de investidura para disolver las Cortes y convocar elecciones si ningún candidato o candidata hubiera alcanzado los votos necesarios para hacerse con la presidencia del Gobierno. Si no se producía una primera votación de investidura, aunque fallida, no podía iniciarse el plazo de los dos meses.

Para salvar este escollo, algunos proponen una reforma constitucional que de una manera u otra impida que esa situación se produzca (BLANCO VALDÉS, 2017:92 y 93; MATEOS Y DE CABO, 2017:178 y ss.). A mi juicio, la falta de previsión constitucional con respecto a cuándo debe realizarse la primera votación, no es realmente una laguna necesitada de regulación. En otras palabras, el constituyente no vio necesario regular qué sucede cuando no hay candidato dispuesto a someterse a la investidura, porque no pensó que tal supuesto pudiera darse. El constituyente, confiado en la centralidad del Parlamento como lugar de reflexión, debate y toma de decisiones, no consideró siquiera esa posibilidad. Por muy fragmentado que pueda estar el Congreso de los Diputados, siempre habrá una candidatura con más opciones que las demás. De esta manera, considero que en nuestro diseño constitucional no cabe la negativa del candidato propuesto, que debe ser el que tenga más apoyos, aunque no sean suficientes para lograr la investidura.

Con este escenario, Pedro Sánchez, a pesar de no contar con los apoyos suficientes para lograr la investidura, solicitó ser propuesto como candidato. El anuncio fue recibido con alivio dado que la negativa de Rajoy impedía poner en marcha el plazo de dos meses desde la primera investidura fallida que el art. 99.5 CE determina como término temporal inicial para la disolución de las Cortes y la convocatoria de nuevas elecciones. Pedro Sánchez, como era previsible, no resultó elegido y tras el agotamiento del plazo de los dos meses previstos en la Constitución se produjo la disolución y la consiguiente convocatoria electoral, sin que mediara un nuevo intento tras la tercera ronda de consultas, que no arrojó más posibilidades.

Por primera vez entre nosotros, un candidato se somete a la investidura sabiendo que iba a perderla y con el propósito fundamental de poner en marcha el contador para la repetición electoral transcurridos los dos meses previstos en el art. 99.5 CE.

En mi opinión, Rajoy nunca debió negarse a someterse a una investidura, que no siempre puede construirse sobre certezas. Además de lo mal parado que ello deja al Congreso de los Diputados, plantea el problema adicional de la puesta en marcha del cómputo de dos meses previsto en el art. 99.5 CE para la disolución automática de las Cortes Generales. La situación en esta ocasión fue salvada por el paso al frente de Pedro Sánchez tras su acuerdo con Ciudadanos, tras una segunda ronda de consultas del Rey. El intento fallido no volvería a repetirse y a pesar de que el Rey celebraría una tercera ronda de consultas, las Cortes se disolvieron tras una única votación de investidura celebrada los días 2 y 4 de marzo de 2016, con un resultado de 131 votos a favor y 219 en contra.

1.2. Gobierno en funciones y actividad parlamentaria. La XI Legislatura

Como hemos visto, la XI Legislatura tuvo una vida muy breve, dada la falta de acuerdo para la investidura. Ello provocó la disolución anticipada de las Cámaras y una nueva convocatoria electoral, dando lugar al período de tiempo más largo de nuestra reciente historia con un gobierno en funciones, 315 días, que van desde la celebración de las elecciones generales el 20 de diciembre de 2015, hasta la constitución del Gobierno en la XII Legislatura, el 29 de octubre de 2016. Qué duda cabe de que este período tan largo de *prorrogatio*, a pesar de limitarse al despacho ordinario de los asuntos, contribuyó a la invisibilización de un Parlamento que, o bien está disuelto o, una vez elegido, no puede funcionar a pleno rendimiento hasta tanto no se sustancie la investidura.

Hasta la fecha, los Gobiernos en funciones habían tenido una vida muy limitada, sin que se hubiera producido una convivencia tan prolongada con un Parlamento recién salido de las urnas, esto es, en plenitud de facultades. Y por primera vez también, se provoca un giro en la manera de actuar durante este período, que siempre había estado presidido por una suerte de parálisis en el Parlamento, a la espera del nombramiento de la presidencia del Gobierno. En esta ocasión, sin embargo, los distintos Grupos Parlamentarios comenzaron a presentar iniciativas parlamentarias, arrojando una nueva visión sobre la centralidad del Parlamento ante la imposibilidad de saber a corto plazo quién o quiénes conformarían el nuevo Ejecutivo y cuándo se produciría su nombramiento. Y ello a pesar de que muchas funciones parlamentarias no se pueden ejercer por el papel capital que juega el Gobierno y que no puede ser desempeñado por un Gobierno en funciones.

En el caso de la potestad legislativa, la ley del Gobierno prohíbe al Ejecutivo en funciones la presentación de proyectos de ley. La duda que podía surgir es si está facultado para intervenir en el procedimiento legislativo mediante la fijación de su criterio, contrario o no a la toma en consideración o incluso, a manifestar su consentimiento a determinadas proposiciones de ley que afecten al presupuesto en vigor. En principio, nada impide en un Parlamento válidamente constituido, el ejercicio de la iniciativa legislativa por parte de sus diputados o diputadas. Otra cosa será la posibilidad de incluir la toma en consideración en el orden del día o el traslado de la iniciativa a la Comisión Legislativa Permanente si se toma en consideración la proposición de ley, dada la autolimitación a la que se suelen someter las Cámaras parlamentarias en el plazo que media entre su constitución y la investidura. Pero, obviado esto, que es solo una cuestión de voluntad política, cabe preguntarse, en primer lugar, si el Gobierno en funciones está facultado para mostrar su criterio con respecto a la toma en consideración, que es un trámite obligado pero no determinante porque no vincula y, en segundo lugar, si le resulta posible otorgar su conformidad a la tramitación si la ley implicara aumento de gasto o disminución de ingresos en el ejercicio presupuestario en vigor.

En lo que respecta al primer punto, el criterio de un gobierno cesante, poca importancia puede tener a la hora de manifestar su acuerdo o no con el desempeño de la potestad legislativa de las Cámaras. Sin embargo, esta afirmación podría extenderse al criterio de un Gobierno válidamente constituido. Poco valor tiene el criterio del Gobierno si la mayoría parlamentaria decide aprobar la ley. Es únicamente un trámite. Sentado esto, la pregunta es si el criterio del gobierno es determinante y si concluimos que así es, si un Gobierno en funciones podría emitirlo. A mi juicio, el Gobierno en funciones está facultado para mostrar su criterio conforme o no a la tramitación de determinada proposición de ley. Es cierto que se trata de un Gobierno con el que la Cámara no tiene relación de confianza y que el criterio es político, no técnico, pero la nula capacidad de vincular, la imposibilidad de influir de alguna manera en el procedimiento legislativo hace que se encuentre entre las funciones asumibles por un Ejecutivo prorrogado. En definitiva, se trata de un trámite más en el cual el Ejecutivo emite su parecer con respecto a una iniciativa que emana del Parlamento y que va destinado a la Cámara.

Muy distinta es la situación en el caso de la iniciativa legislativa cuya aprobación afecte al presupuesto en vigor. Como es sabido, las limitaciones de las Cámaras en el proceso de aprobación de la ley de Presupuestos han acabado extendiéndose al ejercicio de la potestad legislativa ordinaria. La exigencia de la aquiescencia gubernamental, basada en la cualidad del Gobierno como ejecutor del presupuesto, solo debe prestarse por un gobierno en plenitud de facultades y no en el caso de un ejecutivo en funciones. En este supuesto, además, el criterio del Gobierno es determinante, dado que se considera que, sin esa aquiescencia, la Cámara legislativa no puede aprobar la ley. ¿Puede un Gobierno en funciones decidir si la Cámara recién elegida y constituida tramita una norma que altera el presupuesto en vigor? En otras palabras, ¿puede un Gobierno cesante impedir el ejercicio de la potestad legislativa que afecta al presupuesto en vigor? A mi juicio, no, porque excede del despacho ordinario de los asuntos. Aunque sobre este particular no se pronuncie norma alguna, una decisión como esta, que coarta la potestad legislativa de la Cámara en base precisamente a que altera las cuentas, no debe tomarse por un Gobierno en funciones. La opción de permitir o no su tramitación es una cuestión netamente política y dependerá del programa y de las prioridades del Ejecutivo. Permitir que un Ejecutivo cesante coarte la potestad legislativa de la Cámara carece de sentido.

Sin embargo, dada la necesidad de contar con este consentimiento, la disyuntiva no es fácil: o se coarta la potestad legislativa de la Cámara porque el Gobierno está en funciones y no tiene capacidad para adoptar esa decisión o se considera que esta potestad entra dentro del despacho ordinario de asuntos y asumimos que un Gobierno en funciones pueda coartar la capacidad legislativa del parlamento negándose a la tramitación de una ley que entrañe aumento de gasto o disminución de ingresos.

En mi opinión, lo más lógico a la vista de estos argumentos, es pensar que antes de la investidura gubernamental, los parlamentarios no pueden desempeñar su función legislativa si el texto legislativo implicara aumento del gasto o disminución de ingresos. En otro caso, si se tratara únicamente de normas que no afectan al presupuesto en vigor, la cuestión sería más sencilla, dado que el Gobierno únicamente tiene que manifestar su criterio. En definitiva, la ausencia de un Gobierno elegido por la Cámara recién constituida va a influir en el ejercicio de la potestad legislativa, impidiendo legislar en aquellos supuestos en que la aprobación de la ley implique aumento de gasto o disminución de ingresos. No en otro caso. La razón estriba en el importante papel que el Gobierno desempeña en la elaboración y ejecución de los Presupuestos, tanto que se le ha concedido la última palabra en la aprobación de aquellas leyes que pudieran alterar el plan de ingresos y gastos en vigor.

De hecho, la XI Legislatura se salda con la aprobación de dos leyes, tramitadas a iniciativa del Grupo Parlamentario Popular en el Congreso, el mayoritario en ese momento, como vimos. Es una cuestión singular que no se ha vuelto a producir y que solo se explica por el carácter de las materias reguladas: una reforma de la Ley de Estabilidad Presupuestaria[1] y una modificación de la Ley Orgánica de Régimen Electoral General, para el supuesto de convocatoria automática de elecciones por el transcurso de los dos meses desde la primera votación de investidura sin que se haya podido nombrar a un titular de la presidencia del Gobierno, previsto en el art. 99.5 CE[2].

También se aprueba un Decreto-ley, el Real Decreto-Ley 1/2016, de 15 de abril, por el que se prorroga el Pro-

---

[1]　Ley Orgánica 1/2016, de 31 de octubre, de reforma de la Ley Orgánica 2/2012, de 27 de abril, de Estabilidad Presupuestaria y Sostenibilidad Financiera.

[2]　Ley Orgánica 2/2016, de 31 de octubre, de modificación de la Ley Orgánica 5/1985, de 19 de junio, del Régimen Electoral General, para el supuesto de convocatoria automática de elecciones en virtud de lo dispuesto en el apartado 5 del art. 99 de la Constitución.

grama de Activación para el Empleo, por el Gobierno en funciones y se convalida por el Pleno de la Cámara.

En el caso de la potestad presupuestaria, la Ley del Gobierno prohíbe expresamente al Ejecutivo presentar el proyecto de Ley de Presupuestos, como es lógico. En ningún caso puede considerarse la elaboración del proyecto de presupuesto como despacho ordinario de los asuntos públicos. De hecho, difícilmente encontraremos una acción que comprometa más al Gobierno futuro.

En el caso de la función de control, las cosas no resultan sencillas. Para empezar, esta potestad tiene su fundamento en la relación de confianza entre la Cámara y la presidencia, propia de los sistemas parlamentarios de gobierno. Sucede que, en el caso que nos ocupa, con una presidencia todavía no investida, esa relación es inexistente. Y lo es porque durante ese lapso, la Cámara que le dio su confianza ha terminado su mandato, así como el propio Ejecutivo, que solo continúa en funciones desde la celebración de las elecciones. Sin embargo y paradójicamente, el control es más necesario que nunca, pues el gobierno cesante tiene limitadas sus atribuciones al despacho ordinario de los asuntos. Limitar el control parlamentario porque el Gobierno está en funciones, aunque tiene sentido desde los presupuestos clásicos del sistema parlamentario de gobierno, porque la relación de confianza en que se fundamenta ese control no existe, no parece lo más oportuno. Sobre todo, si, como se ha visto, esa situación se prolonga.

Incluso en el caso de un posicionamiento claro a favor del ejercicio de esa función, las dificultades de su aplicación son muchas. Para empezar porque en las Cortes Generales, la constitución de las comisiones permanentes no se lleva a cabo hasta después de la investidura, a pesar de que el Reglamento Parlamentario establece un plazo de diez días tras la sesión constitutiva para ello. Siguiendo la lógica del sistema parlamentario de gobierno, las Cámaras no deberían controlar al Gobierno cesante en funciones. Sin embargo, esta afirmación provoca una paradoja difícil de explicar: el Gobierno en funciones, que no puede ejercer todas sus atribuciones, a su vez, está menos supervisado que nunca puesto que no se puede ejercer control político sobre el mismo. De esta manera, existiría un largo período de tiempo, desde la celebración de elecciones, hasta la toma de posesión del nuevo Gobierno, en el que el gobierno en funciones no estaría sometido al control político de su acción.

A mi juicio, esta afirmación requiere alguna matización. Siendo cierto que el presupuesto sobre el que se sustenta la función de control parlamentario del Gobierno no existe, la relación de fiducia, también lo es que un Parlamento recién constituido debería gozar de plena legitimidad para valorar políticamente las actuaciones del Ejecutivo en funciones, que tiene que ceñirse a unos límites más estrictos que si estuviera en plenitud de facultades (DE LA PEÑA RODRÍGUEZ, 1998: 347).

El Parlamento, como órgano de representación y debate de la ciudadanía no puede verse coartado en su posición constitucional por el hecho de que el nuevo gobierno no haya sido investido. En consecuencia, los grupos parlamentarios pueden solicitar la comparecencia de los miembros del Gobierno para que expliquen su actuación como gobierno en funciones. Pero ¿qué sucede con preguntas e interpelaciones, el método más habitual de control? El *quid* de la cuestión debería estar en el momento en el que se ha desempeñado la actividad que se pretende controlar. No tiene sentido preguntar a un Gobierno en funciones sobre la política que ha llevado a cabo en un momento anterior a las elecciones porque la ciudadanía ya ha ejercido su control más efectivo: el derecho de voto, validando o no esa actuación. Sin embargo, los instrumentos habituales de control pueden resultar de utilidad siempre y cuando se utilicen para supervisar la actuación del gobierno en funciones, a fin de constatar si se ha ceñido a los límites propios de la *prorrogatio*. Más complicado resulta someterlo a control bajo directrices políticas, dada la inexistencia de confianza entre la Cámara y el Gobierno.

El asunto fue zanjado por el Tribunal Constitucional tras la presentación de un conflicto entre órganos constitucionales planteado por la nueva Cámara ante la negativa del Gobierno en funciones a someterse a control y resuelto por la STC 124/2018, de 14 de noviembre. Los hechos se produjeron precisamente en esta legislatura, tras la solicitud de comparecencia urgente por parte del Grupo Parlamentario Socialista del ministro de Defensa en funciones, ante la Comisión de Defensa, para informar sobre los asuntos tratados y los acuerdos adoptados en la reunión de ministros de Defensa de la OTAN celebrada los días 10 y 11 de febrero de 2016 en Bruselas.

Por su parte, el Gobierno en funciones comunicó a la Cámara Baja que no podía someterse a iniciativas de control, entre las que se encontraba la comparecencia citada, porque no existía relación de confianza entre ambos órganos constitucionales. Ante esta respuesta, el Congreso de los Diputados planteó el conflicto de atribuciones al considerar que dicha negativa podía vulnerar la Constitución.

El Tribunal Constitucional zanjó este asunto en la STC 124/2018, de 14 de noviembre, explicando que, aunque normalmente «el control de la acción del Gobierno se ejercerá en el marco de la relación de confianza que ha de existir entre el Gobierno y el Congreso de los Diputados», ello no significa que «excepcionalmente, como lo son también los periodos en los que no hay relación de confianza entre el Congreso y el Gobierno, no pueda ejercitarse la mencionada función de control». En este sentido, «la función de control que corresponde a las Cortes Generales está implícita en su carácter representativo y en la forma de gobierno parlamentario que establece el art. 1.3 de la Constitución, no pudiendo negarse a las Cámaras todo ejercicio de la función de control, ya que con ello se afectaría al equilibrio de poderes previsto en nuestra Constitución». Es más, «la función de control corresponde al Congreso de los Diputados y al Senado, conforme al art. 66.2 de la CE, aunque entre esta Cámara y el Gobierno no exista dicha relación de confianza».

El hecho de que un Gobierno esté en funciones no impide la función de control de las Cámaras, ya que en la medida en que el Gobierno sigue desarrollando actividad, esta no puede quedar exenta del control de las Cortes Generales, sin perjuicio de que la función de control habrá de adecuarse a la propia situación del Gobierno en funciones. De acuerdo con lo anterior, el Tribunal concluye que el Gobierno, al mantener el criterio de que el Congreso de los Diputados no puede someter al Gobierno en funciones a iniciativas de control en la medida en que no existe relación de confianza entre un gobierno en funciones y dicha Cámara, menoscabó la atribución constitucional que a esta confiere el art. 66.2 de la CE.

La sentencia finaliza recordando que tanto la actividad que desarrolle el Gobierno en funciones, como el ejercicio de la función de control que corresponde a las Cortes Generales han de ejercerse de acuerdo con el «principio de lealtad institucional que ha de presidir las relaciones entre órganos constitucionales».

Más necesaria aún es la intervención del Parlamento, a través de los instrumentos de impulso político o indirizzo, en aquellos supuestos en que el Gobierno en funciones tenga que afrontar alguna cita insoslayable, como la participación en una cumbre europea, o en el caso de los Ejecutivos autonómicos, la celebración de alguna Conferencia Sectorial. No cabe duda de que ese hecho puede suponer una extralimitación por cuanto la manifestación de voluntad finalmente aprobada acabará provocando efectos políticos en el nuevo gobierno. Sucede, sin embargo, que no es posible renunciar a ellas. Estos casos presentan unas características peculiares que podrían requerir la participación del Parlamento en la conformación de la voluntad que el Gobierno debe expresar ante las instancias europeas. Cabe pensar en consecuencia que, en este caso, el Gobierno aun cuando esté teóricamente capacitado, no debería participar en ningún debate europeo sin escuchar lo que la nueva Cámara tiene qué decirle.

Aunque la Constitución no menciona la función de orientación política entre las potestades de las Cortes Generales, no son pocos los autores que, por influencia de la doctrina italiana, reconocen la existencia de la función de *indirizzo* o impulso. La función de impulso político permite a las Cámaras exigir al Ejecutivo que adopte determinada decisión en función del criterio por ellas marcado. Aunque el incumplimiento no lleva aparejada sanción alguna, resulta evidente que un pronunciamiento del Parlamento debería hacer alguna mella en la actuación del Ejecutivo, sobre todo si se encuentra en funciones. ¿Puede exigir el Parlamento recién constituido al gobierno en funciones que actúe de determinada manera? Una vez más, la inexistencia de la relación de confianza propia del sistema parlamentario de gobierno obliga a matizar la respuesta, aunque a nuestro juicio, en la función de impulso, lo relevante no es esa relación de fiducia sino la legitimidad que otorga al Parlamento el encontrarse en su mandato y no haberlo concluido. En otras palabras, lo relevante para ejercer esta función de impulso político es la propia posición del Parlamento y no la del Ejecutivo, que puede estar o no en funciones.

Los días 18 y 19 de febrero de 2016, el presidente del Gobierno en funciones, Mariano Rajoy, acudió a una Cumbre europea en la que se debatían asuntos de tanta relevancia como la oferta realizada a Reino Unido para que no abandonara la UE o la posición europea sobre la llegada de refugiados. En estos casos, lo habitual es que el presidente del Gobierno comparezca después de la Cumbre, mientras que el secretario de Estado competente, lo hace de manera previa en la Comisión Mixta para la Unión Europea. Sin embargo, el dato nada desdeñable de que el presidente del Gobierno se encontrara en funciones, unido a que la composición de la Cámara en nada se parece a la anterior, obliga a reconsiderar esa costumbre. Pocos casos vamos a encontrar en los que tenga tanto sentido que los Parlamentos se pronuncien acerca de la posición que el Gobierno debería adoptar en la cita europea. Lo habitual en un caso así debería ser la comparecencia del jefe del Ejecutivo a petición propia, pero, en caso de no ser así, el Parlamento no solo puede, sino que debe, solicitar la comparecencia o incluso adoptar alguna resolución en la que se fije la postura que debe defender el Gobierno español. La explicación radica en que en estos casos asistimos a la paradoja de que el Gobierno en funciones se ve obligado a adoptar decisiones que tienen implicaciones políticas que van más allá de la mera gestión ordinaria de los asuntos públicos.

No cabe duda de que, si nos ceñimos a los estrictos márgenes de actuación de los gobiernos en funciones, la manifestación de voluntad que va a permitir a una institución europea adoptar una posición que acabe vinculando a todos los Estados miembros de la UE, queda fuera de ese margen. Sin embargo, las instituciones europeas tienen sus propios ritmos, que no pueden detenerse cada vez que un Estado miembro se encuentre en el trance de formar nuevo Gobierno. En consecuencia, el Gobierno central en funciones puede verse obligado a acudir a un evento, contradiciendo las mismas bases de la *prorrogatio* gubernamental. ¿Qué hacer en ese caso? Activar los mecanismos de información e impulso parlamentarios. Solo así podremos cumplir nuestras obligaciones, además de vigilar al Gobierno en el desempeño de una tarea que difícilmente encaja en los márgenes de actuación de un gobierno en funciones. De esta manera, aunque es cierto que con la celebración de nuevas elecciones se ha roto el vínculo entre el Parlamento y el Ejecutivo y que este vínculo no se restablecerá hasta tanto sea investida la nueva presidencia del Gobierno, las nuevas realidades obligan a matizar las mismas posibilidades del Parlamento de plantear cuestiones de *indirizzo* político a un Ejecutivo que no sostiene. Más que una posibilidad, en un caso como el analizado, se trata de una exigencia. La única manera de paliar la falta de legitimidad de un Gobierno en funciones para adoptar decisiones que, aunque inevitables en el tiempo, vincularán al Ejecutivo entrante, es que sea la propia Cámara la que fije esa posición. Esta situación que se da con la Unión Europea es extrapolable al sistema autonómico si pensamos, por ejemplo, en la celebración de un Conferencia Sectorial en la que se adoptan importantes decisiones. La participación de un gobierno en funciones, con una postura diversa a la mantenida por la mayoría de la Cámara, es una situación rechazable que habría que evitar a toda costa. La existencia de institutos apropiados para subsanar estos problemas, como los pronunciamientos a través de proposiciones no de ley, mociones o resoluciones permiten sortear estas situaciones.

1.3. La quiebra de la confianza entre el Congreso y la presidencia del Gobierno: las dos mociones de censura de la XII Legislatura

Tras la imposibilidad de que el Congreso salido de las elecciones de diciembre de 2015 designara a la persona titular de la presidencia del gobierno, las elecciones se repitieron el 26 de junio de 2016, arrojando un resultado no muy diferente del anterior. De hecho, la nueva composición del Congreso no vaticinaba una investidura fácil y el candidato propuesto tras la primera ronda de consultas, Mariano Rajoy, fue investido presidente el 29 de octubre de 2016. Y lo fue en segunda votación, cuarenta y ocho horas después de la primera y con los mismos apoyos, 170, gracias a la abstención de 60 de los 75 diputados del Partido Socialista, en un gesto inédito de su principal competidor electoral para evitar una segunda repetición electoral. De esta manera Mariano Rajoy sería nombrado presidente del Gobierno tras 314 días como presidente en funciones.

Pero la legislatura no se presentaba nada fácil y el Ejecutivo de Rajoy no dudaría en utilizar todos los elementos a su alcance para tratar de imponerse al Congreso, incluido el recurso abusivo al veto presupuestario para bloquear en la Mesa las iniciativas legislativas de los grupos parlamentarios de la oposición, que era mayoritaria. El veto, sobre el que nos detendremos más adelante, se presentó en más de cuarenta ocasiones, en una clara extralimitación gubernamental de la facultad que tiene atribuida para oponerse a aquellas iniciativas legislativas que supongan aumento de gasto o disminución de crédito del Presupuesto en vigor.

También se utilizó de manera recurrente la ampliación del plazo de enmiendas en la tramitación legislativa en un intento de limitar las facultades legislativas de una Cámara que el partido del gobierno no controlaba, usando su mayoría en la Mesa.

A la debilidad institucional del Partido Popular en aquellos años viene a sumarse el juicio contra la Gürtel, por el que sería condenado hasta en tres ocasiones, por beneficiarse de la trama de corrupción liderada por Francisco Correa, el cabecilla de una red que amañaba contratos millonarios. Fue precisamente este hecho el que acabó provocando el triunfo de una moción de censura planteada por el principal partido de la oposición, el PSOE y que acabó produciendo la paradójica situación de que en una misma legislatura convivieran dos Gobiernos de diferente signo. De esta manera, tras la moción de censura presentada en junio de 2018, Pedro Sánchez sería nombrado presidente del Gobierno por el mismo Congreso. Pero no sería la primera moción que se sustanciara en la XII Legislatura.

Si a lo largo de toda nuestra reciente historia constitucional únicamente habíamos asistido a la presentación de dos mociones de censura, solo en esta legislatura van a producirse otras dos, la última de las cuales prosperaría por primera vez entre nosotros provocando una situación inédita, dos gobiernos de distinto signo conviviendo con las mismas Cámaras. Sistema parlamentario en su misma esencia.

La primera moción de censura de la legislatura la firman diputados de Unidas Podemos, con un Pablo Iglesias como candidato, que sabe que no va a prosperar pero que busca marcar perfil frente al partido Socialista, en una especie de competición por hacerse con el liderazgo moral del bloque progresista. Se celebra los días 13 y 14 de junio de 2017 y resulta rechazada. A pesar del desgaste que atesora el presidente del Gobierno, la figura de Pablo Iglesias no suscita el apoyo suficiente, cumpliendo así su misión estabilizadora el carácter *constructivo* de la moción de censura. Como hemos visto, si importante es el acuerdo en torno a la necesidad de sustituir al presidente, más relevante aún es el acuerdo en torno a la persona que lo sustituirá.

Como novedad principal, que la moción de censura no la presenta el principal partido de la oposición, que era el Partido Socialista. Hasta ahora, las dos mociones anteriores, aunque con circunstancias diversas, se habían planteado por el líder de la oposición frente al partido gobernante. Ahora, la moción se plantea, no solo para exponer el proyecto alternativo ante la ciudadanía y desgastar al gobierno, que también, sino como una oportunidad para marcar perfil propio frente al mismo Partido Socialista, que esos días se encontraba sumido en un convulso proceso de primarias internas para elegir a su secretario general. Hay que recordar que el Partido Socialista estaba atravesando un momento delicado, tras la dimisión de Pedro Sánchez, al perder un Comité Federal celebrado a principios de octubre de 2016 y en el que se hicieron patentes las diferencias irreconciliables entre el hasta entonces líder del partido y el poder territorial de los barones, con Susana Díaz a la cabeza. El Comité terminó con el nombramiento de una gestora que debía conducir al partido hasta el siguiente Congreso, que se celebró coincidiendo con la moción de censura.

En esta ocasión, por tanto, el objetivo político no era tanto el gobierno de Mariano Rajoy sino el mismo Partido Socialista. Se quiere llegar antes y mejor y se presenta la moción de censura en unos días complicados para el Partido Socialista, que todavía no se había recuperado de la abstención con la que sus diputados permitieron el gobierno de Mariano Rajoy en esta legislatura, tras la repetición electoral de 2015.

Mejor suerte corre la moción de censura presentada en junio de 2018, con Pedro Sánchez como candidato alternativo, que consigue 180 votos. Por primera vez entre nosotros triunfa una moción de censura con un candidato que, además, no es diputado. También por primera vez. Recordemos cómo Pedro Sánchez había dejado su escaño el 30 de octubre de 2016, tras su dimisión como secretario general del PSOE el 1 de octubre de ese año, tras perder su Congreso Federal. De trasfondo, el desacuerdo con la posición de su partido de posibilitar la presidencia de Mariano Rajoy con la abstención de buena parte de los miembros del Grupo Parlamentario Socialista.

Para entender el resultado de la moción de censura, hay que reparar en la excepcional situación que se estaba viviendo en aquel momento, con un Partido Popular condenado por la Audiencia Nacional en la trama Gürtel como partícipe a título lucrativo y que acabó además con la condena de los principales cabecillas. Este hecho inédito, de condena del partido en el gobierno, permitió que saliera adelante la moción de censura. Pero se trata de una situación tan excepcional, la condena por corrupción del partido gobernante, que explica por sí misma la situación política tan convulsa que dio lugar a que prosperase la moción, que algunos han llegado a calificar de moción destructiva (García-Escudero, 2023:39).

A pesar de que el carácter constructivo de la moción de censura parece asegurar el acuerdo sobre el programa de gobierno del candidato alternativo, la mayoría aglutinada en torno al candidato alternativo no resultaría suficiente para avalar las políticas del nuevo gobierno y Pedro Sánchez disolvería las Cámaras y convocaría elecciones tan solo nueve meses después de haber accedido a la presidencia, tras el rechazo por la Cámara de sus Presupuestos. El voto en contra de Esquerra Republicana resultó determinante en este sentido. Más aun teniendo en cuenta que los Presupuestos vigentes en ese momento eran los aprobados a mediados de 2018 por el Gobierno de Mariano Rajoy, unos Presupuestos que simbolizaban además las políticas de austeridad del Partido Popular.

Las Cortes Generales se disolverían el 5 de marzo de 2019 y las elecciones se convocaron para el 28 de abril. Se ponía fin así a una legislatura en la que las Cámaras encontraron muchas dificultades para funcionar con normalidad.

2. EL EJERCICIO DE LAS FUNCIONES PARLAMENTARIAS EN LA XII LEGISLATURA

2.1. El Presupuesto como reflejo del programa del Gobierno

En la potestad de elaboración y aprobación de los Presupuestos se materializa, como en ninguna otra, la estrecha colaboración entre el Gobierno y el Parlamento, de manera que estudiar el Presupuesto es penetrar en el fondo de los problemas constitucionales y, particularmente en los regímenes democráticos de separación de poderes, es plantearse el estudio de las relaciones entre el poder Legislativo y el Poder Ejecutivo (RODRÍGUEZ BEREIJO, 1968: 439 y 440). Además de ello, añadiría, en los regímenes parlamentarios, el Presupuesto constituye la prueba de fuego de los Gobiernos en minoría, pues permite medir el grado de apoyo con que cuentan, su capacidad de liderazgo y las posibilidades de manejar situaciones de —posible— geometría variable. De esta forma, Presupuestos y estabilidad parlamentaria han ido de la mano en nuestro país, dado que la no aprobación de las cuentas gubernamentales supone un revés de tal envergadura que obliga a dimitir al Gobierno de turno, abocando a nuevas elecciones generales.

Ciertamente, a estas alturas sabemos que cuando el art. 134 CE atribuye al Gobierno la elaboración del presupuesto y a las Cortes Generales, su examen, enmienda y aprobación, no está reflejando la realidad de las cosas. El Gobierno no solo elabora el proyecto, sino que pilota todo el proceso gracias a una serie de limitaciones que dificultan enormemente su debate y enmienda por parte de las Cámaras. El famoso veto de las enmiendas que incrementen el gasto o la necesidad de presentar las enmiendas compensadas, unido a la rapidez en la tramitación, que impide un debate ni mínimamente sosegado para tratar la cuestión, dificultan enormemente la reforma del proyecto inicialmente presentado por el gobierno, que durante dos meses absorbe todo el trabajo parlamentario y sume a la oposición en una tarea titánica que realiza con muchas trabas. A ello ha venido a sumarse en los últimos años, tras la reforma del art. 135 CE de 2011 y la aprobación de la Ley Orgánica de Estabilidad Presupuestaria, una limitación extra a la capacidad prevista en el art. 134 CE.

Y, sin embargo, la intervención del Parlamento resulta crucial para dar cumplimiento a un principio elemental de cualquier Estado de Derecho: sin presupuestos no se puede funcionar porque el Estado no puede efectuar gastos que no aparezcan reflejados en el mismo. No olvidemos que el presupuesto en relación con los gastos funciona como autorización. Por todo ello, la aprobación del Presupuesto constituye el momento político más importante tras la celebración de elecciones generales y la subsiguiente investidura de la presidencia del Gobierno.

De esta manera, las vicisitudes que atraviesan los presupuestos durante estos años reflejan muy bien la inestabilidad política reinante. La primera irregularidad, si puede llamarse así, se produce al inicio del período anterior, en 2015, año en el que el Gobierno de Rajoy, ante la inminencia de unas elecciones en diciembre y lo incierto del resultado, aprueba un presupuesto, el quinto de su gobierno, el 29 de octubre de 2015, saldando la legislatura con un total de cinco presupuestos aprobados. La presentación del proyecto se produjo el 4 de agosto de 2015. Nunca un gobierno había pretendido —y logrado— condicionar la acción política de su sucesor aprobando unas cuentas *in extremis* justo antes de las elecciones.

Aunque el plazo de aprobación no distara mucho del que viene siendo habitual, el hecho de que se presentaran el 4 de agosto ya denota la intención firme de dejar las cuentas aprobadas para el siguiente ejercicio económico. La cuestión no es baladí si se tiene en cuenta el papel del presupuesto como plan económico de un gobierno y lo necesario que resulta que haya correspondencia con el programa que lleva a una fuerza a obtener los escaños suficientes para investir a su candidato como presidente. Por ello, lo habitual en nuestro sistema parlamentario, una vez que había elecciones convocadas para final de año, es no aprobar el presupuesto para dejar que el Ejecutivo salido de las urnas elaborara sus propias cuentas cuando pudiera, no teniendo que estar maniatado por las cuentas de un gobierno anterior, que seguro tendría otras prioridades políticas distintas, reflejadas en un programa económico diferente.

Esos Presupuestos prematuramente aprobados por el Gobierno Rajoy para el ejercicio 2016, fueron prorrogados hasta mediados de 2017, el 27 de junio, fecha en que pudieron aprobarse los de ese año. Algo lógico si tenemos en cuenta que el gobierno Rajoy no pudo constituirse hasta octubre de 2016. Hay que señalar que, si el Gobierno Rajoy no hubiera aprobado las cuentas de manera prematura, habríamos tenido que asistir a la prórroga de los del año anterior, 2015, dado que el Gobierno estuvo en funciones desde finales de 2015 hasta octubre de 2016. Aunque este hecho no puede justificar la actitud de tratar de condicionar la política de un gobierno que todavía no ha sido elegido porque las elecciones a Cortes no se han celebrado.

Por su parte, el proyecto de ley de presupuestos para 2017 fue presentado por el Gobierno ante el Congreso de los Diputados el 4 de abril, siendo aprobado finalmente el 27 de junio de 2017, como se ha dicho. A su vez, las cuentas de 2017 se prorrogaron hasta julio de 2018, fecha en la que se aprobaron los nuevos y que continuaron vigentes hasta que el 1 de enero de 2021 entraron en vigor los de ese año, tras una prórroga en 2019 y otra en 2020. Ya hemos avanzado cómo el intento fallido de aprobar unos presupuestos en 2019 para 2020, llevó a la disolución de las Cámaras por Pedro Sánchez, apenas nueve meses después de haber alcanzado la presidencia del gobierno a través de una moción de censura.

En consecuencia, la legislatura se saldó con la aprobación de tan solo dos presupuestos: el 27 de junio de 2017 se aprobaron los de ese año, que continuarían en vigor hasta el 3 de julio de 2018, que se aprobaron los siguientes y estarían vigentes hasta el final de la legislatura, y continuarían en vigor parte de la siguiente, como veremos.

Se constata así, como el Parlamento fragmentado tiene más dificultades para ejercer la potestad presupuestaria, dada esa falta de correlación perfecta entre gobierno y mayoría que se había dado en otras ocasiones. El Parlamento en este período había dejado de ser, no la institución central en materia presupuestaria de acuerdo con el art. 134 CE, sino ni siquiera un órgano necesario en lo relativo a las cuentas. Hasta no mucho tiempo antes, la aprobación de un Presupuesto que respondiera a las prioridades políticas del Ejecutivo constituía un paso imprescindible para seguir ejerciendo de tal, hasta el punto de que el Gobierno que no conseguía sacar adelante sus cuentas, convocaba nuevas elecciones. Así pasó en el año 1995, cuando CiU retiró su apoyo al gobierno del Partido Socialista, que no pudo aprobar sus cuentas. Felipe González disolvió entonces las Cortes Generales, cuando no habían transcurrido ni tres años de legislatura y las nuevas elecciones tuvieron lugar en marzo de 1996. Y ese fue también el argumento esgrimido por Pedro Sánchez tras el rechazo a sus cuentas para 2019, que acabó disolviendo las Cortes y convocando elecciones para el 28 de abril de 2019.

En este período, sin embargo, vemos cómo el Gobierno no cumple con su obligación de presentar las cuentas ante el Congreso antes del 31 de octubre de cada año. Los Presupuestos para 2017 se presentaron el 4 de abril de ese año, tras la oportuna prórroga. Los de 2018, el 3 de abril de ese año. Estos últimos estarían en vigor hasta el 1 de enero de 2021, como veremos más adelante.

2.2.   *El fin de la centralidad del Parlamento legislador*

La primera cuestión que llama la atención a este respecto es que la nueva composición parlamentaria ha tenido como consecuencia más evidente el aumento del número de Decretos-ley que se aprueban, que no sería algo novedoso si no fuera por el número relativamente escaso de leyes parlamentarias que llegan a buen puerto durante esta legislatura. Los motivos son variados, cómo veremos, y tienen que ver no solo con la fragmentación parlamentaria, que también, sino con la pérdida de esa correlación exacta, casi matemática que existía entre Gobierno y la mayoría parlamentaria que lo sustentaba y lo hacía funcionar como un bloque. Recordemos que esta será la legislatura en la que se formen dos gobiernos de diferente signo.

En lo que respecta a la producción de la ley parlamentaria, además de la caída en número, hay que destacar importantes cambios en el impulso de estas, que ya no corresponde al Gobierno, rompiendo así la dinámica seguida en las diez primeras legislaturas, en las que en torno al 80 por ciento de las leyes aprobadas tenían su origen en un proyecto de ley. Ahora, el impulso de la iniciativa legislativa es más plural, con un mayor protagonismo de los grupos parlamentarios.

Ello se debe, en parte, a una oposición parlamentaria dinámica, que presenta textos legislativos, animada por la composición plural de la Cámara y la ausencia de mayorías bien definidas, que hasta la fecha habían funcionado como una barrera infranqueable a la hora de superar el trámite de toma en consideración.

Con este panorama, la Mesa del Congreso, lejos de ceñirse a su papel técnico en lo que respecta a la dirección de la Cámara, contribuye a dificultar la tramitación de iniciativas legislativas de dos maneras: trasladando, sin cuestionarlo, el veto del Gobierno por razones presupuestarias a la tramitación de iniciativas legislativas que alteraban, o eso argumentaba el Gobierno, el presupuesto en vigor y ampliando de manera absolutamente irrazonada e irrazonable el plazo de presentación de enmiendas de aquellas iniciativas legislativas que no se correspondían con la voluntad mayoritaria en la Mesa y, en consecuencia, en el partido del Gobierno. Pero, empecemos por el principio, con el incremento de la normativa de urgencia.

Como se ha dicho, si hay algo que no podríamos achacar de ninguna manera a la crisis del bipartidismo y a lo sucedido en los últimos años es la pérdida de centralidad del Parlamento en tanto que órgano fundamentalmente legislador al surgir otro órgano de producción de normas con rango de ley, el Gobierno. La sustitución de las leyes por Decretos-ley gubernamentales es una tendencia generalizada en nuestro país, que se intensifica con la crisis financiera mundial que arranca en 2008, y que se reproduce en los sistemas autonómicos desde que se introduce esta posibilidad.

El Tribunal Constitucional ha tratado de poner freno, sin mucho éxito, a esta práctica que en los últimos años se ha visto muy acentuada. Hasta 2007 no se produce la primera declaración de inconstitucionalidad de un Decreto-ley basada en la falta del presupuesto habilitante, la extraordinaria y urgente necesidad. Se trataba de la reforma del sistema de pensiones por desempleo aprobado en 2002 por el Gobierno Aznar. Desde entonces, en no pocas ocasiones, el Tribunal Constitucional ha constatado y declarado este hecho, anulando la norma con rango de ley.

No es de extrañar teniendo en cuenta que «las ventajas inherentes a esta herramienta normativa actúan como una tentación irresistible para cualquier Gobierno, ya que posibilita la aprobación de normas con valor de ley al margen tanto del Parlamento como del procedimiento legislativo y que, asimismo, entran inmediatamente en vigor a partir de su publicación en el *Boletín Oficial del Estado*» (Carmona Contreras, 2019).

Si se observa lo sucedido en las distintas legislaturas, vemos cómo a pesar del número muy elevado de Decretos-ley en algunas de ellas, como la VI, con 85 o la X, con 75, sigue siendo mayor el número de leyes que se aprueban. Esta tendencia se invierte en la XII Legislatura, que aprueba un total de 65 Decretos-ley frente a 28 leyes ordinarias y nueve orgánicas.

LEGISLATURA	Leyes Orgánicas	Leyes Ordinarias	Decretos-ley
I Legislatura	38	231	74
II Legislatura	41	170	39
III Legislatura	18	103	20
IV Legislatura	24	111	30
V Legislatura	38	109	40
VI Legislatura	40	180	85
VII Legislatura	41	151	42
VIII Legislatura	33	107	52
IX Legislatura	26	115	56
X Legislatura	41	128	75
XI Legislatura	2	0	1
XII Legislatura	9	28	65
XIII Legislatura	0	0	7
XIV Legislatura	33	85	92

Podría argumentarse, con razón, que muchos gobiernos han recurrido al Decreto-ley incluso cuando han contado con mayorías cómodas en la Cámara —incluso mayorías absolutas— haciendo una interpretación del art. 86.1 CE, que dista mucho de la intención del constituyente. Sin embargo, no cabe duda de que su uso se ha normalizado entre nosotros y se ha acentuado mucho más en los últimos tiempos.

Los problemas que tiene el recurso al Decreto-ley han sido suficientemente descritos por la doctrina y no tiene sentido abundar en ellos. Quede constancia, eso sí, de que hay una importante diferencia entre recurrir al Decreto-ley con frecuencia pero sin dejar de hacer uso de la normal potestad legislativa de las Cortes y gobernar en base casi exclusivamente a Decretos-ley, en un contexto en el que no se aprueban leyes parlamentarias. Aquí radica precisamente la novedad de lo acaecido en esta legislatura, en las que no coexisten dos centros de elaboración de normas con rango de ley —Parlamento y Gobierno—, sino que el

Parlamento se ha visto sustituido en buena medida por el Gobierno, que solo puede aprobar normas sujetas a importantes limitaciones materiales en cuanto a los contenidos que pueden afectar.

El saldo total de la XII Legislatura es revelador: nueve leyes orgánicas en cuatro años y 28 leyes ordinarias frente a 65 Decretos-ley. También es cierto que los Decretos-ley, para dejar de ser normas provisionales e incorporarse definitivamente al ordenamiento tienen que ser convalidados por el Congreso de los Diputados. Pero esta convalidación, como es de sobra sabido, impide cualquier tipo de participación de los grupos parlamentarios. Únicamente en el caso de que se opte por tramitar como Ley un Decreto-ley veremos este tipo de participación, aunque será para la aprobación de una norma distinta, no lo olvidemos.

Tener que recordar a estas alturas, cuando han pasado más de cuarenta y cinco años desde la aprobación de la Constitución, el sentido que tiene en un sistema parlamentario que la potestad legislativa se atribuya al único órgano de representación directa de la sociedad, constituye un estrepitoso fracaso del sistema que el constituyente diseñó. Las alusiones al cambio de función de la ley, que ya no se corresponde tanto con el ideal de la norma general y abstracta, sumado a la existencia de múltiples competidores en la elaboración de las normas —Unión Europea, Comunidades Autónomas— como al desarrollo del Estado Social y la necesidad de normas que no siempre tienen que responder a ese ideal abstracto, no bastan para explicar el fin del Parlamento legislador. Sobre todo, si tenemos en cuenta que el protagonismo acaba recayendo en el Gobierno de la Nación. De hecho, podemos afirmar, con CARMONA CONTRERAS (2019) que «un uso desmesurado del Decreto-ley provoca una merma sustancial de la calidad democrática del sistema político al priorizar la lógica de la mayoría gubernamental en detrimento de la dialéctica pluralista que caracteriza la dinámica parlamentaria».

Dadas las limitaciones formales del Decreto-ley que, recordemos, «no podrán afectar al ordenamiento de las instituciones básicas del Estado, a los derechos, deberes y libertades de los ciudadanos regulados en el Título I, al régimen de las Comunidades Autónomas ni al Derecho electoral general», la pregunta que cabe hacerse es si esto supone que el ordenamiento jurídico se ha estancado porque no hay posibilidades de modificarlo en tan importantes ámbitos, o se ha renunciado a ello, o, por el contrario, el Gobierno utiliza el Decreto-ley para modificar aspectos puntuales de leyes que requerirían una norma parlamentaria, arriesgándose a una eventual declaración de inconstitucionalidad que no se produciría hasta pasados unos años. Recordemos como en orden a las materias que podían ser objeto de Decreto-ley, el Tribunal Constitucional, en una actitud de autocontención, ha considerado que lo que queda prohibido es la aprobación de regulaciones generales, así como aquellas otras de índole restrictiva (CARMONA CONTRERAS, 2019). A pesar de esta actitud del máximo intérprete constitucional, no podemos obviar que el Decreto-ley tiene importantes límites materiales.

Pero lo cierto es que lo sucedido en nuestra historia reciente, en la que el Decreto-ley ha ido ganando peso de manera paulatina, tiene más que ver a mi juicio con la cómoda experiencia de las primeras diez legislaturas, en las que los sucesivos gobiernos y su mayoría parlamentaria constituían un todo homogéneo, compacto, que tenía en frente a una minoría parlamentaria bien definida. En los últimos tiempos, con la entrada de nuevos partidos y los distintos frentes abiertos, las fronteras se han diluido y el sistema responde más a la lógica propia del parlamentarismo en la que el Gobierno tiene que recabar continuamente el apoyo del Parlamento. Por más que pueda haber correspondencia entre el Ejecutivo y su mayoría, y necesariamente tiene que haberla tras la investidura, la presencia de nuevas fuerzas en el arco parlamentario complica en ocasiones esa asimilación casi automática que se había venido produciendo durante años, de manera que, en los últimos tiempos, la mayoría de investidura no se corresponde necesariamente con la mayoría de gobierno. En este escenario, parece más fácil negociar una eventual mayoría para convalidar un Decreto-ley que proceder a la tramitación de una ley parlamentaria en la que, se pueden armar mayorías coyunturales para aprobar cuestiones no queridas por el Gobierno. Parece que los objetivos no pasan por regular materias reservadas a la ley, a la ley parlamentaria. Puede que el coste de negociar grandes reformas, que requerirían acuerdos amplios, sea demasiado.

Parece que la convalidación es más fácil de conseguir que la tramitación parlamentaria. Y, aun así, en esta legislatura asistimos a dos derogaciones de sendos Decretos-ley, al no superarse el trámite de convalidación, los mismos que durante las diez primeras legislaturas.

Aunque el número no es para nada significativo, permite hacernos una idea de lo complejo de esta legislatura. Y así fueron derogados el Decreto-Ley 4/2017, de modificación del régimen de trabajadores para la prestación del servicio portuario de manipulación de mercancías, en cumplimiento de una sentencia del TJUE, de 11 de diciembre de 2014 y el Decreto-Ley 21/2018, en materia de vivienda y alquiler.

En este último caso, el Gobierno presentó otro Decreto-ley reformulado, evitando las cuestiones que habían provocado su derogación por la Cámara, dando así paso al Decreto-Ley 8/2017, que sí fue convalidado.

Otra novedad tiene que ver con el número de Decretos-ley que se acaban tramitando como ley parlamentaria por el procedimiento de urgencia. En esta Legislatura, de los 65, 26 fueron tramitados como proyectos de ley por vía de urgencia (seis con Rajoy y 20 con Sánchez). Cifras muy diferentes a las de legislaturas anteriores, rompiéndose la que había sido la tónica general hasta la fecha. Parece que, en un momento de mayorías líquidas, en el proceso de negociación con otras fuerzas políticas para convalidar el Decreto-ley puede surgir, como un elemento a considerar, la tramitación como proyecto de ley a cambio del apoyo para que los grupos parlamentarios que no conforman el Gobierno puedan participar introduciendo las mejoras que consideren oportunas. Pero siempre, tras su convalidación.

En lo que respecta a las leyes aprobadas en la legislatura, en 2017 se aprueba una única ley orgánica de modificación de la Ley del Jurado para permitir la participación de personas con discapacidad[3], doce leyes ordinarias y 21 Decretos-ley. Con respecto a las leyes ordinarias, tres de ellas se aprueban en aplicación de Derecho comunitario, una es la de Presupuestos y dos están relacionadas con el sistema de financiación del País Vasco. Se aprueba una iniciativa relativa a la Radio Televisión Española, otra relativa al trabajo autónomo y una sobre precursores de explosivos. Restaría, una reforma de la Ley de Jurisdicción Voluntaria, otra de la de Asistencia Jurídica Gratuita y de la Ley de Enjuiciamiento Civil.

El año 2018 se salda con la aprobación de cinco leyes orgánicas, 11 leyes ordinarias y 28 Decretos-ley. De las leyes orgánicas, se aprueba una reforma del Estatuto de Autonomía de Canarias, una reforma de la LOREG relacionada con los derechos de las personas con discapacidad, dos reformas de la LOPJ, una de ellas en cumplimiento del Pacto de Estado en materia de violencia de género y una única ley de nuevo cuño, la Ley Orgánica de Protección de Datos Personales y garantía de los derechos digitales. En lo relativo a las leyes ordinarias, de las once, una es la de Presupuestos, otra relativa al régimen fiscal de Canarias y una tercera para regular la Orden Europea de Detención. De las ocho restantes, una de medidas urgentes para paliar los efectos de la sequía, otra sobre infraestructuras y servicios de información geográfica, una sobre Patrimonio natural y diversidad, otra de evaluación medioambiental, una para aprobar un trasvase entre Cuencas hidrográficas, otra de Defensa de Consumidores y Usuarios, de modificación de la Ley de Enjuiciamiento Civil en relación con la ocupación de viviendas y el Código de Comercio.

---

[3] Ley Orgánica 1/2017, de 13 de diciembre, de modificación de la Ley Orgánica 5/1995, de 22 de mayo, del Tribunal del Jurado, para garantizar la participación de las personas con discapacidad sin exclusiones.

El balance de 2019 es aún peor: tres leyes orgánicas, cinco leyes ordinarias y 18 Decretos-ley, de los que diez corresponden a la XII Legislatura. De las tres leyes orgánicas, una modifica el Estatuto de Autonomía para Valencia y las otras dos modifican el Código Penal. Una de ellas, en aplicación de una Directiva europea y la otra, en materia de imprudencia en la conducción de vehículos a motor. De las cinco leyes ordinarias, una Ley de Secretos empresariales, una modificación de la Ley de Propiedad Intelectual en aplicación del Derecho europeo, ley de mejora de la situación de orfandad de hijas e hijos de víctimas de violencia de género, ley de mejora de condiciones para la mejora del desempeño de la docencia no universitaria y ley reguladora de los contratos de crédito inmobiliario.

Más allá del número y proporción de leyes parlamentarias aprobadas, conviene detenerse un momento en lo que supone para un Estado el que el órgano central representante de la ciudadanía no ejerza su tarea legislativa con normalidad. La construcción de nuestro sistema de fuentes otorga a la ley parlamentaria una posición fundamental, atribuyéndole la regulación de las materias más importantes, ya sea a través de ley ordinaria o de ley orgánica. El Decreto-ley, pensado para casos excepcionales, de «extraordinaria y urgente necesidad», no es una norma apta para actualizar la voluntad constituyente con normalidad. De hecho, la concepción del constituyente era muy distinta: atribuir al Gobierno la posibilidad de elaborar, con carácter provisional, una norma capaz de dar respuesta a situaciones que requerían cierta agilidad, dejando para después la participación del auténtico depositario de la potestad legislativa.

Pero el recurso exagerado al Decreto-ley no constituye la única causa de la pérdida de la centralidad del Parlamento como legislador, sino que cómo mucho explica el papel protagonista del Gobierno en la elaboración de normas con rango de ley y la falta de aprobación de leyes provenientes de proyectos de ley del gobierno. El Ejecutivo se muestra cauto a la hora de presentar proyectos de ley por miedo a perder el control sobre el texto final, dado que no cuenta con mayorías sólidas que lo avalen. De esta manera asistimos a otra *quiebra*, la pérdida de impulso legislativo por parte del gobierno, que renuncia a una de las atribuciones más importantes de cara a desempeñar su labor: la facultad de presentar proyectos de ley ante las Cámaras.

De hecho, un repaso a las leyes (orgánicas y ordinarias) finalmente aprobadas durante este período, nos arroja un saldo muy llamativo: en 2017, la única Ley Orgánica aprobada es presentada por el Grupo Parlamentario Mixto en el Senado. Y de las 11 leyes ordinarias (12 menos la de presupuestos), únicamente seis tienen su origen en un proyecto de ley. En 2018 las cosas no son muy diferentes. De las cinco leyes orgánicas, solo una proviene del Gobierno[4]. Y de las 11 leyes ordinarias, una es la de Presupuestos y del resto, la mitad, cinco, provienen de proyectos de Ley del Gobierno. En 2019, de las tres leyes orgánicas aprobadas, una es una reforma de un Estatuto de Autonomía y las otras dos, que reforman el Código Penal, proceden de proposiciones de ley del Grupo Parlamentario Popular. Sin embargo, la tendencia se invierte en el caso de las leyes ordinarias, procediendo del gobierno cuatro de las cinco aprobadas durante ese año.

En este punto ha podido influir, como ya vimos, la entrada en vigor de la ley 39/2015, de 1 de octubre, del Procedimiento Administrativo Común de las Administraciones Públicas y la Ley 40/2015, de 1 de octubre, de Régimen Jurídico del Sector Público, que establecen nuevos requisitos para la elaboración de proyectos de ley: la consulta pública previa a la elaboración del proyecto normativo, y la audiencia e información públicas de este una vez que ha sido redactado. Son trámites necesarios desde la perspectiva de la participación ciudadana, pero han podido influir en el desplazamiento de la iniciativa legislativa del Gobierno a sus grupos de apoyo.

---

[4] Ley Orgánica 3/2018, de 5 de diciembre, de Protección de Datos Personales y garantía de los derechos digitales.

No podemos terminar este análisis sin hacer referencia al papel desempeñado por la Mesa en dos cuestiones cruciales que van a influir en el ejercicio de la potestad legislativa de la Cámara: la aceptación del veto gubernamental a la tramitación de iniciativas con repercusiones presupuestarias y su papel en la ampliación abusiva del plazo de enmiendas de las distintas iniciativas legislativas.

Sobre lo primero, conviene detenerse en el uso o, mejor dicho, abuso de la facultad de veto gubernamental que el Gobierno Rajoy impuso a una gran cantidad de proposiciones de ley que partían de las Cortes Generales, con el argumento de que implicaban aumento de gasto o disminución de ingresos.

La facultad gubernamental de veto a las iniciativas legislativas con repercusión financiera, ya se trate de proposiciones de ley o enmiendas a proyectos de ley del gobierno, viene reconocido a nivel constitucional. Tiene sentido que, una vez aprobadas las cuentas anuales, el Gobierno, como encargado de ejecutarlas, tenga que dar su consentimiento para que se produzca una alteración de estas. Se trataría así de cumplir con el principio de anualidad presupuestaria, además de resultar coherente con la atribución al Ejecutivo de la competencia de ejecución de los Presupuestos. Constituye «una característica muy relevante del parlamentarismo racionalizado, mediante el cual se garantiza, una vez aprobado el Presupuesto por la Cámara, la dirección y ejecución de este, sin que el Parlamento pueda, sin la aquiescencia del Gobierno, modificarlo o desfigurarlo a lo largo de su vigencia anual» (ARAGÓN REYES, 2007:24).

Pues bien, el Gobierno Rajoy opuso más de cuarenta vetos durante su mandato en la XII Legislatura, antes de la moción de censura que llevó a Pedro Sánchez al gobierno, en un intento claro por obstaculizar la potestad legislativa de unas Cámaras que no controlaba.

En dos ocasiones, el veto gubernamental fue contestado por la Mesa del Congreso, que lo obvió incluyendo la tramitación de las iniciativas legislativas vetadas en el orden del día. El Gobierno por su parte respondió planteando sendos conflictos entre órganos constitucionales, resueltos por las SSTC 34/2018, de 12 de abril y 44/2018, de 26 de abril. El Tribunal Constitucional fue taxativo a la hora de resolver la cuestión, poniendo fin a las extralimitaciones del Gobierno:

«El art. 134.6 CE contiene una prerrogativa del Ejecutivo que tiene, como presupuesto habilitante, la vinculación estricta a la norma presupuestaria, que debe por ello verse afectada. Teniendo en cuenta, como ya se ha señalado, que cualquier iniciativa o proposición de ley es susceptible de suponer un incremento de gasto o una disminución de ingresos, el Gobierno debe justificar de forma explícita la adecuada conexión entre la medida que se propone y los ingresos y gastos presupuestarios. Esta conexión debe ser directa e inmediata, actual, por tanto, y no meramente hipotética. Debe además referirse al presupuesto en particular, sin que pueda aceptarse un veto del Ejecutivo a proposiciones que, en el futuro, pudieran afectar a los ingresos y gastos públicos, pues ello supondría un ensanchamiento de la potestad de veto incompatible con el protagonismo que en materia legislativa otorga a las Cámaras la propia Constitución (art. 66 CE)»[5].

La conflictividad que provocó esta cuestión tiene un marcado interés constitucional, además de político, dado que por un lado pone en duda elementos relevantes del veto y que hasta la fecha no habían planteado problemas: la afectación al ejercicio presupuestario en caso de prórroga de las cuentas del Estado y lo que es más grave, la posibilidad de oponer el veto cuando la norma afecte a un futuro ejercicio presupuestario, recurriendo a dos argumentos: a que el art. 134.6 CE no recoge de manera explícita que la afectación a los gastos e ingresos presupuestarios se refiere al ejercicio presupuestario en curso y, en segundo lugar, amparándose en el principio de estabilidad

---

[5]   STC 34/2018, de 12 de abril, F.J. Noveno.

presupuestaria del art. 135 CE, que se considera como un límite adicional a la potestad legislativa de las Cámaras.

Ambas cuestiones fueron resueltas de manera contraria a las pretensiones del Gobierno. El veto únicamente tiene sentido cuando afecte a las cuentas en vigor, nunca a ejercicios futuros. Si así fuera, el Gobierno podría condicionar el ejercicio de la potestad legislativa de las Cortes Generales hasta el punto de vaciarla casi de contenido. Y las cuentas se entienden como cuentas anuales, prorrogadas o no, pero no se puede limitar la capacidad legislativa de las Cámaras en base a planes plurianuales.

Por otro lado, la polémica suscitada permite volver al asunto del control sobre el veto, analizando si la Mesa de la Cámara puede o no levantarlo y bajo qué premisas, incidiendo en las relaciones entre el Gobierno y el Parlamento propias del sistema parlamentario de gobierno. Por último, es una cuestión que repercute de manera directa sobre el _estatus_ de los representantes parlamentarios, incidiendo en el mismo negativamente cuando se utiliza al margen de los supuestos constitucionalmente previstos.

Por si esto no fuera suficiente, el Gobierno Rajoy recurrió a otro ardid para frenar las iniciativas legislativas de los grupos parlamentarios que no controlaba: ampliar _sine die_ los plazos de presentación de enmiendas, de quince días según el art. 110 del Reglamento del Congreso, acabando con una costumbre parlamentaria que se venía aplicando desde la VIII legislatura, en la que «se estableció la convención parlamentaria de que, como regla general, la Mesa otorgara tres plazos de enmiendas de manera automática y luego solo se concedieran por unanimidad. Sin embargo, esta fue modificándose en las legislaturas posteriores y en la XII volvió a imponerse el criterio de la mayoría de la Mesa, a petición de algún grupo, sin criterio general que objetivara el proceso, dejándolo en la discrecionalidad de la mayoría» (GIMENEZ GLUCK, 2019:74). Con esta técnica dilatoria, obstaculizadora, de filibusterismo parlamentario, la Mesa consiguió que no culminaran su tramitación, iniciativas de tanta relevancia como reformas de la Ley de Enjuiciamiento Criminal o el Código Penal[6].

Especial gravedad reviste la obstaculización en la tramitación de proyectos de ley que traen su causa en un Decreto-ley convalidado[7], dado que en este caso la Cámara en Pleno ya ha manifestado su posición favorable a tramitarlo como proyecto de ley por el procedimiento de urgencia (GÓMEZ LUGO, 2022:169).

Hay que tener en cuenta que la Mesa de la Cámara en esta legislatura tenía una composición que no se correspondía con la del Congreso: tres miembros del Grupo Parlamentario Popular, incluida la Presidencia de la Cámara; dos, de Ciudadanos, dos del Grupo Socialista y dos de Podemos y sus confluencias. La mayoría estaba así en manos de Populares y Ciudadanos que tienen 134 y 32 miembros en sus respectivos grupos. Esta práctica se mantuvo hasta febrero de 2018, por el cambio de postura de los miembros de Ciudadanos.

De esta manera, la mayoría de la Mesa utilizó su capacidad decisoria para no objetar el veto presupuestario del Gobierno a las iniciativas legislativas de la oposición y para prorrogar *sine die* el plazo de presentación de enmiendas de esas mismas iniciativas. Luego, en la segunda parte, con Pedro Sánchez en el gobierno tras el triunfo de la moción de censura, la Mesa siguió utilizando su mayoría para frenar las iniciativas legislativas de los grupos de apoyo al nuevo gobierno.

Es difícil saber qué motivos han pesado más en la falta de capacidad legislativa del Parlamento, aunque sin duda, la cuestión del veto ha llegado a impedir la tramitación

---

[6]   La Proposición de modificación de la LECr (122/000086), en fase de enmienda desde el 19-5-2017 hasta el 27-2-2019, o la Proposición de LO de reforma del CP (122000020), en fase de enmienda desde el 20-10-2017 hasta el 5-3-2019.

[7]   El Proyecto de modificación de la Ley de memoria histórica (Ley 52/2007), procedente del RDL 10/2018 (121/000026), estuvo en enmienda desde el 21-9-2018 hasta el 5-3-2019, tras 27 ampliaciones.

de varias decenas de leyes, que una vez incluidas en el orden del día habrían obligado a un pronunciamiento por
parte de las Cámaras. Precisamente eso, la tramitación de
iniciativas que no se compartían, es lo que late detrás del
veto gubernamental en el modo en el que se ha ejercido
esta facultad constitucionalmente reconocida.

La Mesa de la Cámara ha sido clave a la hora de rele-
gar al Parlamento, impidiendo fraudulentamente la tramitación de iniciativas legislativas, colocándose en una
situación de clara supeditación a los intereses del Gobierno de Mariano Rajoy, desconociendo su posición como
órgano rector de la Cámara. De esta manera, los órganos
de gobierno de la Cámara, Presidencia y Mesa se han convertido en instrumentos en manos del Gobierno de turno, que los utiliza para imponer su criterio por encima de
cualquier otra consideración, relegando al Parlamento a
una posición subalterna que acaba desconociendo su posición constitucional.

2.3. El control de la acción del gobierno
en un Parlamento fragmentado

En una situación como la que se produce en el período
que estamos analizando, cabría pensar que el control de
la acción de gobierno constituye uno de los ejes centrales
de la actividad parlamentaria, permitiendo a las minorías
presentes en las Cámaras cuestionar las políticas gubernamentales. Ciertamente, en un escenario en el que hay
varios actores principales a ambos lados del espectro político, en los que las alianzas de gobierno no son estables
y en el que hay muchos vectores de acuerdo y desacuerdo
(derechos sociales, posición frente a Cataluña, Monarquía,
distribución territorial del poder), el Parlamento debería
ser más dinámico que nunca, con múltiples iniciativas en
las que los partidos mostrasen su postura en torno a los diversos temas y con alianzas coyunturales en función de las
cuestiones a tratar. Nunca las relaciones entre el Gobierno
y el Parlamento se habían desarrollado tan lejos de los ejes

Gobierno-mayoría parlamentaria, por un lado y minoría o minorías, por otro.

De hecho, una de las formas de visibilizar la irrupción de las nuevas minorías en el Parlamento ha sido la intensificación de las iniciativas de control para fiscalizar la acción normativa y no normativa del Gobierno. Esto se ha traducido en un incremento del número de iniciativas de control que, precisamente por lo fragmentado del arco parlamentario, no siempre han llegado a buen puerto (RIDAO MARTÍN, 2023: 81).

Esto se desprende de manera clara del número de Comisiones de Investigación creadas, un total de siete (cinco durante el Gobierno Rajoy y dos con la presidencia de Sánchez), aunque las dos últimas no llegaron a constituirse por la disolución anticipada y tan solo dos de ellas llegaron a concluir sus trabajos. El motivo parece claro. En nuestro sistema constitucional, las Comisiones de Investigación no son instrumentos en manos de la minoría política para controlar al gobierno, sino que se ponen a disposición del Parlamento, basado en esa lógica que no tiene en cuenta que Parlamento y Gobierno no se relacionan entre ellos como órgano controlante y controlado, sino que el control tiene lugar en el Parlamento, pero no se desempeña por él.

La pérdida de las mayorías absolutas provoca la pérdida de control del grupo mayoritario de sostén del gobierno en el caso de las Comisiones de Investigación, que requieren mayoría simple para conformarse. En el Congreso, el Pleno, a propuesta del Gobierno, de la Mesa, de dos Grupos Parlamentarios o de la quinta parte de los miembros de la Cámara, podrá acordar la creación de una Comisión de Investigación sobre cualquier asunto de interés público. Esto hace relativamente fácil el acuerdo sobre su creación, sin necesidad de contar con el partido mayoritario de apoyo al gobierno. De hecho, de las siete que se crearon, seis lo hicieron sin el voto afirmativo del grupo mayoritario que sustentaba al gobierno en ese momento.

Sobre los temas objeto de análisis, ya demuestran la polarización característica de los últimos años de la vida política española. La primera en crearse se centra en la utilización partidista del Ministerio del Interior bajo el mandato del ministro Fernández Díaz, de medios de las Fuerzas y Cuerpos de Seguridad del Estado con fines políticos. También fue objeto de investigación la presunta financiación ilegal del Partido Popular o la Crisis Financiera de España y el Programa de Asistencia Financiera. Asimismo, fueron objeto de sendas comisiones de investigación el accidente ferroviario ocurrido en Santiago el 24 de julio de 2013 y el del vuelo de Spanair, el 20 de agosto de 2008. Bajo el Gobierno Sánchez se planteó la investigación de las posibles responsabilidades políticas derivadas de las irregularidades del proyecto de almacén de Gas Castor y las presuntas irregularidades cometidas por el Instituto de Derecho Público de la Universidad Rey Juan Carlos. Únicamente dos de ellas llegaron a formular y aprobar sus conclusiones: la relativa a la utilización partidista del Ministerio del Interior (septiembre de 2017) y a la crisis financiera (febrero de 2019).

Esto pone de manifiesto cómo, si bien es cierto que la fragmentación de las Cámaras hace posible la presentación de Comisiones de Investigación sin el apoyo del grupo mayoritario, también dificulta la aprobación de las conclusiones. El acuerdo en la necesidad de su constitución no conlleva necesariamente el acuerdo con el resultado final de su actividad investigadora.

En línea con esa cierta revitalización de la función de control, resulta interesante destacar la proliferación de las mociones de reprobación, instrumentos de exigencia de responsabilidad política de «baja intensidad» (MORALES ARROYO, 2024: 200). A pesar de no llevar aparejadas consecuencias jurídicas, políticamente suponen una derrota política que el gobierno trata de evitar a toda costa.

Las mociones de reprobación no solo no están previstas en nuestro ordenamiento sino que parecen contradecir el art. 108 CE, que establece la responsabilidad solidaria del Gobierno. Sin embargo, ello no ha sido óbice para que ya en la II Legislatura se intentara por parte del entonces Grupo Parlamentario de Alianza Popular aunque sin éxito. Sí alcanzó su objetivo la moción de reprobación contra Magdalena Álvarez, ministra de Fomento del Gobierno Zapatero en 2007, tramitada en el Senado. Más habituales fueron en la época que estamos analizando, la XII Legislatura, en la que se tramitaron 19 mociones de reprobación en el Congreso. De ellas, siete triunfaron frente a ministros del Gobierno Rajoy y una frente a un ministro del Gobierno salido de la moción de censura (MORALES ARROYO, 2024:200).

El alcance que puede tener una moción de reprobación depende del momento político y es difícil de valorar, pero no cabe duda de que el hecho de que una mayoría de cualquiera de las Cámaras repruebe la actuación de un miembro del Gobierno no es algo que se pueda ignorar. Sobre todo, si triunfan en el Congreso de los Diputados, que es donde reside la confianza parlamentaria que sostiene al Gobierno. Prueba de ello es que el Gobierno de Mariano Rajoy antes de caer por la moción de censura vio como prosperaban siete mociones de reprobación frente a sus ministros. En consecuencia, había datos que indicaban que el Gobierno estaba perdiendo el apoyo de la Cámara.

Aunque no es este el lugar para analizar la necesidad de reformular esta importante tarea en la era de la comunicación, donde el control se realiza pensando más en las redes sociales que en el debate que se pueda suscitar en las Cámaras, lo cierto es que llama la atención la pérdida de relevancia de los instrumentos tradicionales de fiscalización del Ejecutivo. Parece necesario adaptar las preguntas e interpelaciones a la realidad de la situación. Ya no se interpela sobre cuestiones concretas, sino que muchas veces indagan sobre posicionamientos abstractos, difíciles de abordar en el escaso tiempo en el que se sustancian estas iniciativas y, como consecuencia, el gobierno no suele responder a lo que se le pregunta, quedando todo en un diálogo de sordos donde cada uno lanza el mensaje que quiere que llegue a los medios.

Habría que cuestionar la efectividad de esta función en un mundo en el que la opinión pública, principal destinataria de la tarea de control de la oposición, se informa por múltiples canales y vías. A pesar de esto, la función de control de la acción del gobierno no solo mantiene su importancia, sino que, ante la pérdida de operatividad del Parlamento en otras facetas, como la legislativa y la presupuestaria, debería cobrar más valor que nunca. Sobre todo en el caso de gobiernos que no cuentan con el respaldo de la mayoría absoluta de la Cámara, por lo que cabría pensar en un escenario en el que las Cortes intensificaran su labor de fiscalización.

Sin embargo, una mirada atenta a nuestra vida política demuestra cómo la esencia del control parlamentario, el ofrecer al electorado un proyecto político alternativo con la esperanza de ganar su confianza en la próxima cita electoral, ha perdido la efectividad que pudo tener en los momentos posteriores a la Transición y en la era del bipartidismo. Ahora, los actores políticos se han multiplicado y además tienen muchas vías de difusión para sus proyectos, por lo que el impacto del control parlamentario es menor.

Ello provoca una banalización de la función de control, como otro síntoma más de la pérdida de centralidad del Parlamento. La responsabilidad, o parte de ella, habría que buscarla en los órganos de dirección del Parlamento, que se eligen en la sesión constitutiva y que en nuestro sistema no se han caracterizado precisamente por cumplir sus funciones de manera que respondan a los intereses de la Cámara en su conjunto, como se ha visto. Todo lo contrario. De hecho, a ellos cabe atribuir la responsabilidad por despropósitos que han llegado hasta el Tribunal Constitucional, como el freno a toda iniciativa de control llevada a cabo tras la celebración de elecciones y antes de la investidura de la presidencia del Gobierno (GÓMEZ CORONA, 2016).

2.4. Una misión casi imposible: la designación parlamentaria

La renovación de los órganos constitucionales que dependen de las Cortes Generales se había venido haciendo con cierta normalidad en base a acuerdos que se alcanzaban entre los dos grandes partidos, Socialista y Popular, en función de su fuerza numérica en las Cámaras. Y, aunque se habían planteado problemas en ocasiones, sobre todo en lo relativo a la elección de miembros del Tribunal Constitucional y del Consejo General del Poder Judicial, por lo general el acuerdo se alcanzaba, primando además la excelencia profesional de las personas candidatas. El altísimo perfil de los miembros de las primeras formaciones del Tribunal Constitucional, juristas de reconocida competencia, como marca la Constitución, así lo atestigua.

Es cierto que, con el paso de los años, esta función se ha devaluado, dando paso a una especie de sistema de cuotas, en el que los grandes partidos se reparten los puestos a cubrir en función de su fuerza numérica y la afinidad ideológica gana peso frente a otras cualidades. Los motivos de esta suerte de degeneración democrática son variados y difíciles de enumerar, pero están directamente relacionados con la fuerza cada vez mayor de los partidos políticos, que acaban invadiendo la política institucional, suplantando a los mismos órganos constitucionales. De esta manera, en los distintos perfiles de las personas que se han ido eligiendo, ha ido perdiendo peso la consistencia de la trayectoria de la persona propuesta para ganar cada vez más relevancia su vinculación al partido que la designa, aunque no sea una vinculación formal, prohibida en muchas ocasiones. Se piensa en los órganos constitucionales como un elemento a *ocupar*, a *dominar*, por encima de otras consideraciones. Y en esa lógica, se elige nombrar personas que, si fuera necesario, pudieran actuar en función de los intereses partidistas de quien los propone.

En otras ocasiones, el razonamiento es bastante más simple, aunque no por ello menos dañino y fruto de la profesionalización de la política. Se utilizan estos puestos para *colocar* personas que han quedado sin cargo, ya sea representativo o de otro tipo. A veces es un premio de consolación cuando se deja de contar con alguien para un puesto de más responsabilidad. Otras veces se trata de compensar un mal resultado electoral.

Al margen de esto, que ha complicado mucho en los últimos años el cumplimiento de esta función, los cambios producidos en nuestras Cámaras, con un Parlamento compuesto de más fuerzas políticas con menos peso, han influido necesariamente sobre una potestad que requiere mayorías muy cualificadas y, en consecuencia, ha de involucrar a un buen número de fuerzas políticas con intereses muy diversos.

Sin duda, la situación más preocupante es la del Consejo General del Poder Judicial, órgano de gobierno del Poder Judicial, que desempeña importantes funciones en orden a la designación de magistrados y magistradas de los principales órganos judiciales del país y a la que dedicaremos una especial atención más adelante.

A finales de 2018, el PSOE y el PP llegaron a un acuerdo para su renovación, eligiendo presidente al conservador Manuel Marchena. Pero unos polémicos mensajes del portavoz del PP en el Senado, Ignacio Cosidó, que salieron a la luz, en las que se hablaba de que el Partido Popular controlaría la Sala Segunda del Tribunal Supremo, provocaron la renuncia de Marchena y no se produjo la renovación hasta junio de 2024[8].

El Consejo de Administración de Radio Televisión Española es un caso paradigmático de los efectos del vacia-

---

[8] Después, la interinidad del Ejecutivo y las Cortes prolongada durante todo 2019 por la doble cita electoral, impedía cualquier posibilidad de retomar el asunto. El Partido Popular retiraba luego su apoyo a aquel pacto siguiendo una estrategia de bloqueo a cualquier acuerdo con el Gobierno, lo que le permitía mantener una mayoría conservadora al Consejo General del Poder Judicial. El acuerdo para la renovación, como se ha dicho, no llegaría hasta junio de 2024.

miento de competencias del Parlamento. El Consejo cesó en verano de 2018 y sus doce miembros tenían que ser elegidos por las Cortes Generales (seis por el Congreso y seis por el Senado), por mayoría de dos tercios. Hacían falta muchos votos, de muchos partidos distintos para proceder a una renovación que no llegó hasta la XIV Legislatura, hasta febrero de 2021. La corporación pública tuvo que ser gobernada, por primera vez y de forma interina, por una administradora provisional única elegida por el Congreso, Rosa María Mateo, que había puesto su cargo a disposición del presidente del Gobierno.

3. ¿Y EL SENADO?

En la XII Legislatura, el Grupo Parlamentario Popular gozaba de mayoría absoluta en la Cámara Alta lo que le permitió apoyar la labor del Gobierno Rajoy durante la primera parte de la legislatura para pasar a tornarse en mayoría de oposición tras el triunfo de la moción de censura.

Su tradicional papel de segunda Cámara, más alejada del foco mediático, se vio alterado cuando el Gobierno decidió activar en octubre de 2017 el proceso del art. 155 CE, para dar respuesta a la deriva soberanista que el Gobierno de la Generalitat había iniciado años antes. En un clima de mucha tensión, la situación alcanza su punto álgido con la aprobación por el Parlament de la Ley 19/2017, de 6 de septiembre, del referéndum de autodeterminación y la Ley 20/2017, de 8 de septiembre, de transitoriedad jurídica y fundacional de la República. El 1 de octubre, además, la Generalitat había convocado un referéndum de autodeterminación, no autorizado por el Estado y que a pesar de haber sido suspendido por el Tribunal Constitucional el 7 de septiembre, se celebró finalmente.

La pregunta a la que debían responder los votantes con un Sí o un No, fue la siguiente: «¿Quiere que Cataluña sea un estado independiente en forma de república?». Según los datos ofrecidos por el portavoz del Ejecutivo catalán, el apoyo a la independencia superó el 90 por ciento, con una participación del 43,03 por ciento. Sin embargo, los resultados fueron ampliamente cuestionados teniendo en cuenta las condiciones en las que se desarrolló la consulta. Los datos sobre la participación y el resultado son por ello confusos teniendo en cuenta que la jornada de la votación 400 colegios electorales fueron cerrados, precintados o intervenidos y se produjeron numerosas cargas policiales. Según el Gobierno de la Generalitat, 893 civiles fueron atendidos por los servicios de emergencias médicas de Cataluña. La mayoría de carácter leve, aunque cuatro personas requirieron hospitalización, dos de ellas de carácter grave. El juez que investigó el caso por la denuncia presentada por la Generalitat estableció en 130 el número de heridos por las cargas policiales. A su vez, de acuerdo con el Ministerio del Interior, 431 agentes de la Policía Nacional y Guardia Civil resultaron heridos, 39 de los cuales requirieron tratamiento médico inmediato. Los 392 restantes sufrieron heridas por contusiones, arañazos, patadas o mordiscos propinados por los manifestantes.

En medio de este clima de tensión, el Consejo de Ministros aprueba por primera vez en nuestra historia la aplicación de la coerción federal, el art. 155 CE, que otorga la iniciativa al Gobierno pero que hace recaer la decisión y los términos de la misma en la mayoría absoluta del Senado, sin intervención del Congreso de los Diputados.

En dos ocasiones anteriores se había amenazado con aplicar esta cláusula de coerción federal sin que llegara a hacerse finalmente. La primera, en febrero de 1989, cuando el Gobierno del Estado, ante los reiterados incumplimientos del gobierno canario en la aplicación de las reducciones arancelarias acordadas con la Comunidad Europea, requirió al presidente de dicha Comunidad Autónoma; la situación finalmente se recondujo y el gobierno canario asumió el cumplimiento de los compromisos asumidos por el Estado español. La segunda, a propósito de la aplicación de varios conflictos con el gobierno vasco a propósito de la aplicación de la Ley Orgánica 6/2002, de 27 de junio, de Partidos Políticos y, después, con el planteamiento de los de denominados «Planes Ibarretxe I y II». En esta ocasión también se recondujo la situación y el asunto no llegó a mayores.

El proceso se puso en marcha tras la reunión del Consejo de Ministros del día 21 de octubre de 2017, que acordó solicitar al Senado su aprobación para la adopción de una serie de medidas tomadas al amparo del art. 155 de la Constitución. Antes, el Gobierno había emitido un requerimiento a la Generalitat para que cesara en sus actuaciones contrarias al ordenamiento jurídico, tal y como exige el texto constitucional. Tras los oportunos trámites, el Pleno del Senado aprobó finalmente la aplicación del art. 155 CE el día 27 de octubre, con algunas modificaciones con respecto a la propuesta inicial procedente del Ejecutivo.

La medida más relevante, sin duda, el cese del presidente de la Generalitat y de los miembros de su Gobierno, y su sustitución por los órganos y autoridades designados al efecto por el Gobierno del Estado, la disolución del Parlament y la convocatoria de elecciones para el 21 de diciembre. A pesar de que el art. 155 CE no contiene un elenco de las medidas que se pueden adoptar en su aplicación, la doctrina ha criticado esta decisión, por entender que contradice el texto constitucional, que, si faculta para dar instrucciones a las autoridades de una Comunidad Autónoma, es porque no contempla el cese o destitución de esas autoridades (Ridao Martin, 2018: 190).

El cese del gobierno autonómico llevó aparejado a su vez el cese de más de 200 cargos y la supresión de una veintena de organismos, incluidas las delegaciones en el extranjero.

La aplicación del art. 155 CE se mantuvo durante 218 días, hasta la toma de posesión del gobierno de Quim Torra, el 2 de junio de 2018, tras las elecciones del 21 de diciembre.

La decisión suscitó bastante polémica y fue recurrida ante el TC, que avaló el acuerdo del Senado en todos sus extremos en las SSTC 89 y 90/2019, de 2 de julio, que desestimaron en su práctica totalidad los recursos de inconstitucionalidad presentados por más de 50 diputados del Grupo Parlamentario Unidos Podemos-En Comú Podem-En Marea y por el Parlamento de Cataluña, todos ellos contra el Acuerdo del Pleno del Senado de 27 de octubre de 2017 mediante el que se aprueban medidas requeridas por el Gobierno al amparo del art. 155 CE.

Capítulo IV

De las elecciones de abril de 2019 al primer gobierno de coalición. La XIII Legislatura

El gobierno surgido tras la moción de censura tendría solo nueve meses de vida, como hemos visto. Tras el rechazo de los presupuestos generales del estado por parte del Congreso, Pedro Sánchez convoca elecciones que se celebrarían el 28 de abril de 2019.

El resultado no arroja más solución posible que la de un acuerdo PSOE-UP, que juntos suman 165 escaños. Y, sin embargo, este acuerdo no llega a producirse, disolviéndose las Cámaras tras el agotamiento de los dos meses establecidos en el art. 99.5 CE. Como novedad, la irrupción por primera vez de Vox, fuerza situada a la derecha del Partido Popular como una escisión de este y con 24 escaños.

Y así, entre nosotros, la segunda disolución anticipada se produce con un proceso en el que el partido ganador parece desde el principio más interesado en la repetición electoral que en lograr la investidura de su candidato. Tanto es así que se produce un único intento tras el encargo a Pedro Sánchez por parte del jefe del Estado. El debate y votación de investidura se celebra en julio, sin éxito y las

Cámaras se disuelven sin que se produzca un nuevo intento. Nunca sabremos qué hubiera sucedido si esa segunda oportunidad se hubiera presentado. Aunque existe la duda más que razonable de que el candidato podría haber salido investido en segunda vuelta, con la mayoría simple de los votos, gracias a la abstención de la fuerza llamada a ser su socio de gobierno, Unidas Podemos, que no parecía tan interesada en una repetición electoral como el partido ganador.

A mi juicio, la disolución de las Cortes Generales tras una única sesión de debate y votación de investidura reviste mucha gravedad. ¿Era seguro que no se iba a contar con el apoyo o la abstención de alguna otra fuerza política? ¿O es que era preferible una repetición electoral?

Sabemos que la Constitución no regula el número de veces que se tiene que intentar, mediante debate y votación, la investidura de la persona candidata. Hacerlo no se acomodaría a la necesaria flexibilidad que requiere un proceso de negociación de este tipo. Sin embargo, cabe preguntarse si está en manos de la presidencia del Congreso decidir si tras una nueva ronda de consultas propone o no a otro candidato, o al mismo, en sucesivas ocasiones. Dicho de otro modo. ¿Es suficiente la voluntad del partido mayoritario, que ostenta la presidencia del Congreso de los Diputados, para provocar una repetición electoral aun cuando existen dudas de si se dispondrá de los apoyos necesarios para investir a su candidato? ¿Y qué papel desempeña el Rey?

Considero que si existen posibilidades, aunque no sean certezas, de que la investidura salga adelante, no hay más opción que plantear una nueva votación tras el oportuno debate. No hacerlo supone alterar las reglas del juego con intereses partidistas. No creo que pueda dejarse correr el plazo de dos meses de manera interesada por el miedo a conseguir una investidura cuando se prefiere la repetición electoral.

Y aquí, cabe preguntarse por el margen de que dispone la Presidencia del Congreso y por el papel que desempeña la Jefatura del Estado. En lo que respecta a la presidencia del Congreso de los Diputados, entre nosotros no se ha caracterizado por ejercer su papel de manera neutral, representando a toda la Cámara en su conjunto. Muy al contrario, resulta relativamente habitual que el partido mayoritario en el Congreso, que ocupa el gobierno además, se sirva de la presidencia como un elemento más estabilizador de su posición, poniendo sus decisiones al servicio de la mayoría y, por ende, del Gobierno.

Ciertamente, pocas dudas hay de que la presidencia del Parlamento no es una figura independiente del partido por el que concurrió a las elecciones su titular. En momentos clave como la investidura, su participación, que suele pasar desapercibida, es crucial a la hora de convocar o no una sesión de investidura o dejar pasar el tiempo de dos meses marcado en el art. 99.5 CE hasta provocar la repetición electoral. Ni más ni menos. También decide la convocatoria de los Plenos, lo que *de facto* supone que decide la puesta en marcha del Parlamento en ese período de tiempo que media entre las elecciones y la investidura.

El papel del Rey, sin embargo, no parecía relevante hasta la fecha, ya que solo había tenido que proponer al candidato del partido más votado. De hecho, su participación hasta la fecha se había considerado meramente simbólica, al no existir dudas sobre la persona a designar como candidata. Esta percepción cambiará tras las elecciones de julio de 2023, como veremos a su debido tiempo.

Al margen de las cuestiones constitucionales que suscita el papel del Rey, lo que parece claro es el poco respeto por la institución parlamentaria que denotan actitudes como las analizadas. El mero hecho de que la disolución lleve aparejada una nueva llamada al cuerpo electoral no resta un ápice de validez a estas críticas. Una vez que la ciudadanía ha expresado su posición en las urnas, corresponde a los actores políticos involucrados traducir esa voluntad en un gobierno. No hacerlo sin agotar todas las posibilidades, es una falta de respeto a la ciudadanía a la que se representa.

La legislatura fallida trajo consigo varias consecuencias. La primera, un largo período del gobierno en funciones, aunque algo menor que el vivido en la XI Legislatura. De esta manera, desde el 28 de abril, día en el que se celebraron las elecciones que darían paso a la XIII Legislatura, hasta el 7 de enero de 2020, fecha en la que Pedro Sánchez sería finalmente investido.

En este tiempo se aprobaron un total de siete Decretos-ley y ninguna ley, a pesar de que en este breve lapso se llegan a presentar 72 Proposiciones de Ley, sin que se tramitara ninguna. También se presentaron ocho iniciativas legislativas populares y cinco propuestas de reforma de Estatutos de Autonomía. Nada de ello pudo prosperar.

En cuanto a la actividad de control, se celebraron seis interpelaciones, cinco comparecencias del Gobierno ante el Pleno y nueve en Comisión. También se contestaron 32 preguntas orales en Pleno. Se aprobaron dos Proposiciones No de Ley en el Pleno y se rechazaron tras su debate en Pleno otras dos. Asimismo, el Pleno aprobó una moción consecuencia de una interpelación urgente y rechazó otras dos.

Como puede apreciarse, en este período de gobierno en funciones sí se ha desarrollado cierta actividad de control en el Congreso de los Diputados, rompiéndose la tónica imperante en las primeras legislaturas.

Capítulo V

La XIV legislatura.
El primer gobierno de coalición

La repetición electoral arrojó unos resultados que, si bien no movieron mucho la situación entre bloques, sí trajeron cambios entre las distintas fuerzas del ala derecha. Así, el PSOE volvió a ganar las elecciones, bajando de 123 a 120 escaños. También UP y sus confluencias sufrirían cierto desgaste, bajando de 42 a 35. El Partido Popular por su parte subió de 66 a 88. Pero esta subida no le permitió compensar la caída de Ciudadanos (de 57 a 10), cómo tampoco pudo hacerlo la espectacular subida de Vox, que en unos meses pasó de 24 a 52 escaños. De esta manera, el bloque progresista que acabaría en el Gobierno sumó 155 y consiguió la investidura con 167 votos en segunda votación, gracias al apoyo de los seis diputados del PNV, los dos de Más País-Equo, el único de Compromís, uno de Nueva Canaria, uno del BNG y uno de Teruel Existe.

En contra, 165 votos: los 88 del PP, 52 de Vox, diez de Ciudadanos, ocho de Junts, dos de Navarra Suma, dos de la CUP, uno de Coalición Canaria, uno de Foro de Asturias y uno del Partido Regionalista de Cantabria. Resultaron fundamentales las abstenciones de los 13 representantes de ERC y de los cinco de EH Bildu. Se trata del margen más corto registrado en nuestra historia democratica.

Los resultados permiten constatar un hecho: el bipartidismo que había presidido nuestra reciente historia constitucional era sustituido por un sistema de bloques, en los que tanto Partido Socialista como Partido Popular continuaban siendo hegemónicos. Y los partidos surgidos al calor del movimiento del 11-M, perdían parte de su fuerza. Sobre todo, Ciudadanos que quedaba con diez escaños después de haber conseguido 57 en las elecciones de meses antes. Parece que su electorado no entendió que no tratara de llegar a un acuerdo de gobierno con el Partido Socialista, como sí ocurrió en la XI Legislatura.

Con estos resultados, cabía augurar una legislatura inestable, altamente polarizada, con un número de fuerzas políticas presentes en la Cámara inédito hasta entonces: Un total de 21 fuerzas (PSC, NA+, PP-Foro y dos variaciones territoriales de Podemos computadas por separado) agrupadas en diez Grupos Parlamentarios. Entre las novedades, la irrupción de Teruel Existe, una agrupación electoral ciudadana que consigue romper por primera vez las barreras establecidas en la LOREG a las agrupaciones electorales y las propias del sistema electoral en una provincia, además, con una baja densidad de población y, en consecuencia, un reparto del voto muy poco proporcional. Ciertamente, es una gesta digna de reseñar, teniendo en cuenta las dificultades a que se ven sometidas las agrupaciones de electores para presentarse según la LOREG, que requieren la firma de al menos el 1 por ciento de los inscritos en el censo electoral de la circunscripción en las elecciones al Congreso y al Senado, frente al 0.1 por ciento que exige el mismo art. 169 LOREG para los partidos políticos que se presenten por primera vez.

La obligación de presentación de firmas para los partidos, federaciones o coaliciones que no hubieran obtenido representación en las elecciones anteriores, fue introducida en el ordenamiento por la Ley Orgánica 2/2011, de 28 de enero. Es curioso que una reforma legislativa que, en teoría, se orientaba al incremento de la proporcionalidad en la representación y a la mejora de la calidad democrática y del rendimiento de nuestras instituciones provoque, como una de sus consecuencias y con el pretexto de favorecer «la seriedad de las candidaturas» —como ya había ocurrido en la República Federal de Alemania—, dificultades adicionales para que los partidos minoritarios cumplan la función, constitucionalmente reconocida, de concurrir a la formación y manifestación de la voluntad popular y ser instrumento fundamental para la participación política de los ciudadanos (PRESNO LINERA, 2015: 35 y 36).

También fue la legislatura de los dos Grupos Mixtos, el propiamente dicho y el Grupo Plural. El Grupo Mixto comenzaría la legislatura con cinco miembros: dos de la CUP, dos de Unión del Pueblo Navarro, uno de Foro Asturias. Al final de la legislatura terminó con 11 miembros. Por su parte, el Grupo Plural comenzó con 15 diputados: cuatro de PDCat, cuatro de Junts, uno del Partido Regionalista Cántabro, uno de Compromís, uno de Más País, uno de Equo, uno de Coalición Canaria, uno de Teruel Existe, uno de Nueva Canaria, uno del BNG, para terminar la legislatura con 12 miembros.

La investidura tuvo lugar el 7 de enero, en segunda votación después de que la primera sesión se celebrara los días 3, 4 y 5 de enero y tras una única ronda de consultas. Se ponía así fin a un largo período de gobierno en funciones, desde las elecciones de 28 de abril y comenzaba así una legislatura llena de sorpresas, gobernada por el primer gobierno de coalición de nuestra reciente historia constitucional.

1. PARLAMENTO Y PANDEMIA

Mientras en España se ultiman los términos de los pactos de investidura y del primer gobierno de coalición, la Organización Mundial de la Salud recibía información sobre un brote causado por un nuevo tipo de coronavirus el 31 de diciembre de 2019. Los días 11 y 12 de enero ya se habían diagnosticado 41 casos y un fallecimiento, todos en Wuhan, China. En esos momentos, no se había constatado el contagio fácil entre humanos.

Las noticias se suceden en esos días, con un aumento exponencial de casos que, ya se sabe, se contagia entre personas y puede ser mortal. Asistimos así a la rápida extensión de un virus que no tiene tratamiento ni vacuna en la fecha. En menos de un mes las autoridades chinas confinan a la población de Wuhan.

Las próximas semanas son de locura y en marzo de 2020 se ha confinado a la población de medio planeta. En España, algunas Comunidades Autónomas empiezan a cerrar colegios y ante el problema que ello supone para la conciliación, se empieza a hablar de turnos flexibles y de teletrabajo.

El 14 de marzo, cuando han pasado tan solo dos meses de la investidura de Pedro Sánchez, se decreta el estado de alarma en todo el país. En principio, tal y como establece la Constitución, la duración sería de quince días al término de los cuales hubo que someterlo a numerosas prórrogas, hasta su levantamiento, el 21 de junio de ese año. Entre las medidas adoptadas, la restricción de la movilidad de las personas y de la actividad económica, salvo en casos de fuerza mayor y servicios esenciales, que se aplicarían a partir del siguiente lunes 16 de marzo de 2020 y para los siguientes quince días. Con la idea (equivocada) de que sería algo breve.

En esos primeros momentos de incertidumbre, pasamos por una época de semiparalización o congelación de la actividad parlamentaria (CARMONA CONTRERAS, 2023) en la que la gravedad de la situación puso a prueba la solidez de nuestras instituciones. En el caso de las Cortes Generales, además, poniendo en solfa uno de los pilares esenciales del parlamentarismo: la necesidad de presencia física para el ejercicio de las funciones constitucionales que tiene encomendadas, que hubo que relajar ampliando los casos excepcionales en que el Reglamento y sus normas de desarrollo permiten el voto telemático.

Como ha expuesto Tudela Aranda (2020: 7), «el propio Parlamento, todas las Cámaras, se veían afectadas por los protocolos de aislamiento social. Súbitamente, debía responderse a una situación no ya excepcional sino absolutamente inesperada. Y, además, radicalmente novedosa. Porque el primer interrogante afectaba a la propia posibilidad del Parlamento de reunirse. La primera respuesta, casi unánime, fue considerar que el Parlamento quedaba radicalmente afectado por las limitaciones sanitarias e incapacitado para reunirse presencialmente. Así, comenzó a mirarse a las posibilidades que la tecnología ofrecía para suplir estas carencias».

1.1. La actividad de las Cortes Generales durante el primer estado de alarma y sus prórrogas (14 de marzo a 21 de junio)

La actividad del Congreso de los Diputados se suspendió incluso antes de la declaración de alarma, la semana del día 10 de marzo, cuando el grupo parlamentario Vox se negó a asistir por el contagio de uno de sus miembros. El 12 de marzo, la Presidencia anunció formalmente la suspensión de toda la actividad durante dos semanas, tras un acuerdo de la Junta de Portavoces. Se mantuvieron, eso sí, las reuniones de la Mesa y la Junta de Portavoces, en su mayoría telemáticas, así como el registro también telemático de iniciativas.

El 19 de marzo, la Mesa del Congreso adoptó la decisión de suspender el cómputo de los plazos reglamentarios que afectaran a las iniciativas que se encontraran en tramitación en la Cámara, hasta que la mesa levantara dicha suspensión. Asimismo, acordó suspender los plazos administrativos y los plazos de prescripción y caducidad de los procedimientos administrativos del Congreso de los Diputados, desde el día de la entrada en vigor del Real Decreto 463/2020, de 14 de marzo, por el que se declaraba el estado de alarma para la gestión de la situación de crisis sanitaria ocasionada por el COVID-19. La suspensión se mantuvo hasta el 13 de abril.

Esta decisión fue recurrida ante el TC por los 52 diputados de Vox, que interpusieron un recurso de amparo. La petición fue estimada en la Sentencia 168/2021, de 5 de octubre, y el Alto Tribunal consideró que la declaración del estado de alarma, como la de cualquiera de los otros dos estados de excepción y de sitio, no puede en ningún caso interrumpir el funcionamiento de ninguno de los poderes constitucionales del Estado y, de modo particular, el Congreso de los Diputados. Por tanto, «en la declaración del estado de alarma, el ejercicio del derecho de participación política de los diputados debe estar, en todo caso, garantizado y, de modo especial, la función de controlar y, en su caso, exigir al Gobierno la responsabilidad política a que hubiere lugar», subraya la sentencia.

El 18 de marzo comparece el presidente del Gobierno ante el Pleno, reducido a una veintena de diputados, para presentar la comunicación sobre la declaración del estado de alarma, tal y como exigen la Constitución y el Reglamento de la Cámara.

El 19 de marzo, la Mesa decide que los diputados pueden emitir su voto por vía telemática, previa petición del grupo parlamentario correspondiente. El 25 de marzo, una nota de la Secretaría General del Congreso rechaza la posibilidad de celebrar sesiones de Pleno, Comisiones u otros órganos de manera telemática, así como la de intervenir en los distintos órganos a través de videoconferencia, por resultar necesaria una modificación del Reglamento para ello. No es de extrañar teniendo en cuenta que la presencialidad es esencial en nuestro parlamentarismo, acorde con la naturaleza del Parlamento como órgano deliberador. Sobre este extremo, el Tribunal Constitucional ya se había pronunciado con respecto a la posible celebración del debate de investidura de Carles Puigdemont sin la presencia del candidato, que en ese momento se encontraba huido de la justicia y con una orden judicial de busca y captura e ingreso en prisión. El Tribunal Constitucional analiza la cuestión desde la perspectiva de la necesidad de la presencia física del candidato para la celebración de investidura, aunque este extremo no aparezca recogido de manera expresa. Para el TC, esta exigencia se encuentra implícita en el ordenamiento, tanto en la naturaleza del procedimiento como en la propia configuración del procedimiento de investidura (STC 19/2019, de 12 de febrero, FJ 4). Aunque las circunstancias son muy diferentes, no cabe duda de que, en nuestra tradición parlamentaria, la presencialidad es una nota esencial, que solo puede ser sustituida previa reforma del Reglamento Parlamentario. Y ni siquiera una situación como la de pandemia, con necesidad de aislamiento social, permitió la celebración de sesiones parlamentarias por esta vía.

El día 25 se celebra un Pleno para convalidar cinco Decretos-ley y tramitar la autorización de la primera prórroga del estado de alarma, que abarcaría hasta las 00.00 horas del 12 de abril. En la misma se incluye la obligación de remitir semanalmente información documental sobre la ejecución de las distintas medidas adoptadas y una valoración de su eficacia para contener la pandemia y mitigar los efectos sanitarios, económicos y sociales. La sesión tiene lugar con la asistencia reducida a 43 miembros (una décima parte de los diputados, según acuerdo alcanzado entre los portavoces, y los miembros de la Mesa) y habilitación para todos los diputados del voto telemático, emitiéndose 306 votos por esta vía (más 43 presenciales, total 349).

El 2 de abril se inician las comparecencias del ministro de Sanidad ante la Comisión correspondiente, continuando el seguimiento las semanas posteriores. El 7 de abril, la Mesa del Congreso acuerda el levantamiento de la suspensión del cómputo de plazos en la tramitación de iniciativas, reactivándose así la labor parlamentaria de la Cámara. La Junta de Portavoces acuerda la reanudación de las sesiones de control la semana siguiente.

El 9 de abril, el Pleno del Congreso autoriza la segunda prórroga del estado de alarma, hasta el 25 de abril, con 306 votos emitidos de forma telemática, y convalida tres Decretos-ley con 304 votos, también telemáticamente. La primera sesión ordinaria de control al Gobierno se celebra el día 15 de abril, en formato reducido (tercera sesión plenaria desde la declaración del estado de alarma), con 15 preguntas y tres interpelaciones urgentes en el orden del día, además de aprobarse la creación de una comisión de investigación relativa al accidente aéreo del vuelo JK5022 de Spanair. El mismo día tiene lugar una reunión de comisión para comparecencia del ministro.

La semana del 20 de abril se celebran tres sesiones de comisiones en orden a la comparecencia de ministros para informar sobre la gestión en relación con el coronavirus. El 22 de abril, el Pleno se reúne para la comparecencia del presidente del Gobierno para informar de Consejos europeos, autorizar la tercera prórroga del estado de alarma por 295 votos telemáticos y 50 presentes y convalidar un Decreto-ley, emitiéndose 300 votos electrónicos y 50 presentes, así como para celebrar sesión de control al Gobierno, con 15 preguntas orales y tres interpelaciones urgentes.

Se celebra asimismo sesión de control el 29 de abril, con preguntas e interpelaciones urgentes, así como la convalidación de decretos-leyes (45 votos presenciales y 305 telemáticos). El 6 de mayo se autoriza la cuarta prórroga del estado de alarma hasta el 23 de mayo incluido, emitiéndose 46 votos presenciales y 304 telemáticos. Las sesiones plenarias semanales continúan a partir del 13 de mayo, con control y Decretos-ley; junto a este orden del día habitual, el 20 de mayo se aprueba la quinta prórroga, hasta el 6 de junio incluido, emitiéndose 46 votos presenciales y 304 telemáticos. La sexta prórroga, hasta el 20 de junio inclusive, se aprobaría el 3 de junio con 92 votos presenciales y 258 telemáticos, incrementándose la asistencia en esta fase de la desescalada parlamentaria a más del 25 por ciento de los diputados; en esta fecha se incluyen en el orden del día por primera vez en el estado de alarma los debates de totalidad de un convenio internacional y un proyecto de ley, así como la toma en consideración de una proposición de ley, en un paso más hacia la normalidad. También por primera vez, la sesión se prolonga dos días.

De esta manera, el Congreso mantuvo cierta actividad parlamentaria basada siempre en la presencialidad de las sesiones plenarias y de comisión, con formato reducido y una interpretación extensiva de los supuestos que permiten el voto telemático. Tras la suspensión de las dos primeras semanas, la actividad del Pleno se reanuda por la necesidad de autorizar las prórrogas, convalidar los Decretos-ley que el Gobierno va aprobando, así como para las comparecencias en Pleno y Comisión. Durante este período, no se aprueban leyes parlamentarias.

Con respecto a las seis prórrogas del primer estado de alarma, vemos cómo a pesar de la fragmentación de las Cámaras, se cuenta con apoyos suficientes, que se van haciendo más reducidos en cada prórroga, como se observa en el cuadro. Cada una de ellas es fruto de intensas negociaciones con las distintas fuerzas políticas, que plantean sus exigencias para brindar su apoyo. No olvidemos que únicamente la primera declaración la aprueba el Gobierno en solitario. En cada una de las prórrogas, el mandato constitucional incluye la determinación de las condiciones al Congreso para aprobarlas.

Prórrogas parlamentarias
del Estado de alarma

Prórroga	Votos	Porcentaje sobre voto emitido
Primera prórroga 25 de marzo	Si: 321 No: 0 Abstención: 28 No vota: 1	91,98 % 0 % 8,02 %
Segunda prórroga 9 de abril	Si: 270 No: 54 +Abstención: 25 No vota: 1	77,36 % 15,47 % 7,16 %
Tercera prórroga 22 de abril	Si: 269 No: 60 Abstención: 16 No vota: 5	77,97 % 17,39 % 4,64 %

Prórroga	Votos	Porcentaje sobre voto emitido
Cuarta prórroga 6 de mayo	Si: 178 No: 75 Abstención: 97 No vota: 0	50,86 % 21,43 % 27,71 %
Quinta prórroga 20 de mayo	Si: 177 No: 162 Abstención: 11 No vota: 0	50,57 % 46,29 % 3,14 %
Sexta prórroga 3 de junio	Si: 177 No: 155 Abstención: 18 No vota: 0	50,57 % 44,29 % 5,14 %

Fuente: (Morales Arroyo, 2024)

Las prórrogas de quince días propiciaron un intenso debate acerca de la necesidad de cada una de ellas y, sobre todo, de las medidas a adoptar, que fueron muy variadas pero, sobre todo, drásticas. Recordemos cómo se confinó a la población, que únicamente podía salir por motivos muy contados. Se paralizó la práctica totalidad de la actividad económica del país, se cerraron colegios, universidades y centros de trabajo y durante semanas estuvimos recluidos en casa esperando que pasara lo peor. En esta situación, el sistema previsto en la Constitución permitió una participación activa del Congreso de los Diputados, aunque en su versión reducida, con una asistencia limitada de sus miembros.

Además de la supervisión que supone cada nueva prórroga, las sesiones ordinarias de control, con preguntas e interpelaciones, se retomaron con carácter semanal a partir del 15 de abril, un mes después de la suspensión. El 7 de mayo se constituyó la Comisión no permanente para la reconstrucción social y económica, a petición del Grupo Socialista y de Unidas Podemos-ECP-GEC. Y la actividad ordinaria del registro de iniciativas se mantuvo inalterada todo el estado de alarma.

Bastante menor fue la actividad del Senado, que no tiene atribuida ninguna función específica en relación con los estados excepcionales. Aun así, hubiera sido deseable que, dada la necesidad de coordinación del Estado central con las Comunidades Autónomas para combatir la enfermedad, el Senado hubiera cumplido esa función de Cámara de representación territorial que la Constitución le atribuye pero que nunca ha llegado a desempeñar.

El 12 de marzo, la Mesa del Senado acuerda extender el voto telemático a todos los senadores en relación con un asunto incluido en el orden del día de la siguiente sesión plenaria (la autorización de un convenio internacional) y suspender los plazos de tramitación, desconvocar todas las sesiones convocadas, ya sea de comisiones o de sus órganos de funcionamiento.

El 17 de marzo, el Pleno adopta un acuerdo sobre el convenio internacional con 259 votos telemáticos y cinco presenciales. No se incluyeron en el orden del día las iniciativas de control previstas para esa sesión. El mismo día 17 de marzo de 2020, la Mesa del Senado adoptó el acuerdo de no convocar sesiones de Pleno ni de comisiones durante la vigencia del estado de alarma, sin perjuicio de que pudieran convocarse para la tramitación de asuntos de urgencia o para dar cumplimiento a las obligaciones constitucionalmente atribuidas al Senado cuando estas resultaran inaplazables. Se suspendió el registro presencial y los plazos administrativos, que se reanudarían el 1 de junio, habiéndose suspendido los reglamentarios el día 12.

Probablemente, el acuerdo de suspensión de toda la actividad parlamentaria estaba planteado para un estado de alarma no tan prolongado como finalmente resultó. De hecho, el 21 de abril, el control al gobierno se reanudó, con la asistencia de un máximo del 10 por ciento de los representantes de cada Grupo. En esta fecha, además, se levanta la suspensión de plazos reglamentarios de iniciativas en tramitación con efectos de 30 de abril. Continúan las sesiones de control a partir del 5 de mayo y las de comisiones se reinician a partir del 7 de mayo, esa semana autorizada por la Mesa el día 5 todavía con carácter excepcional, levantándose su suspensión por la Mesa el 12 de mayo (con asistencia reducida en función del tamaño del grupo).

El 30 de abril tiene lugar una sesión de la Comisión General de Comunidades Autónomas, con la presencia de la ministra de Política Territorial y Función Pública por parte del Gobierno y cuatro presidentes de Comunidades Autónomas y el de la ciudad Autónoma de Ceuta. Las otras CCAA optaron por una representación de menor rango. Por acuerdo de su Mesa se aplaza —no se celebraría hasta la última semana de mayo— la sesión ordinaria de control de la Administradora única de RTVE en la Comisión Mixta competente prevista para la semana del 27 de abril, autorizada por la Mesa del Senado y reclamada por los grupos de oposición, sin recurrir siquiera a la comparecencia telemática atendido su carácter de persona de riesgo, que precisaría la autorización de las Mesas de ambas Cámaras por tratarse de una comisión mixta.

Finalmente, en reunión de 12 de mayo, la Mesa del Senado acuerda el levantamiento de la suspensión para la convocatoria de todas las comisiones. Asimismo, en esta Mesa se acuerda trasladar a los portavoces de los grupos parlamentarios sendas propuestas sobre la posible habilitación del mes de julio para recuperar las sesiones plenarias que habían quedado pendientes de celebrar por las citadas circunstancias. De esta manera, también el Senado fue recuperando su actividad poco a poco, interrumpida de forma abrupta al principio.

Cabe decir que, además de la mencionada actividad de control relacionada con la gestión de la pandemia, se aprueban numerosos Decretos-ley, que hay que ir aprobando y, en consecuencia, negociando, a la vez que las diversas prórrogas. En estos momentos, la debilidad aritmética del gobierno es bastante obvia y la geometría variable hace de la necesidad virtud y el saldo final es bastante positivo para el gobierno. Volveremos sobre ello más tarde.

Sí cabe decir ahora que durante este primer estado de pandemia se aprobaron un total de 16 Decretos-ley, del

7/2020, de 12 de marzo, por el que se adoptan medidas urgentes para responder al impacto económico del CO-VID-19, hasta el 22/2020, de 16 de junio, por el que se regula la creación del Fondo COVID-19 y se establecen las reglas relativas a su distribución y libramiento.

Los Decretos-ley fueron todos convalidados por unas mayorías relativamente holgadas y un buen número de ellos, además, tramitados como ley parlamentaria. De hecho, de los 16 Decretos-ley aprobados durante este primer estado de alarma, únicamente tres no se tramitaron como Ley.

En este período, también se produce una moción de censura, la primera de la legislatura, los días 21 y 22 de octubre de 2020, presentada por Santiago Abascal y 51 diputados del Grupo Parlamentario Vox e incluyendo como candidato a la Presidencia del Gobierno a su líder, Santiago Abascal. El resultado de la votación fue de 52 votos a favor de la censura y de 298 en contra.

El objetivo fundamental era obligar a posicionarse al entonces líder del Partido Popular, Pablo Casado, que tenía que elegir entre votar que sí a un candidato con el que competía directamente o, en caso contrario, posicionarse a favor de la continuidad del gobierno de Pedro Sánchez. Y así fue. La moción de censura no recabó ningún apoyo más que los 52 votos de los integrantes del Grupo Parlamentario que la había registrado.

1.2. La actividad de las Cortes Generales durante el segundo estado de alarma a nivel nacional (25 de octubre a 9 de mayo de 2021)

Con el fin del primer estado de alarma se recupera la actividad legislativa de las Cortes Generales y, junto a los numerosos Decretos-ley que se siguen aprobando, el año 2020 se salda con la aprobación de 11 leyes ordinarias y tres orgánicas, todas ellas en el último semestre del año.

El segundo estado de alarma a nivel nacional se decreta mediante Real Decreto 926/2020, de 25 de octubre, por el que se declara el estado de alarma para contener la propagación de infecciones causadas por el SARS-CoV-2. Este estado de alarma fue prorrogado seis meses de una tacada por el Real Decreto 956/2020, de 3 noviembre, en una decisión muy controvertida que sería luego declarada inconstitucional, por la STC 183/2021, de 27 de octubre.

Antes de eso, el 9 de octubre de 2020, el Gobierno decretó el estado de alarma en nueve municipios de la Comunidad de Madrid para responder a una nueva escalada de casos diagnosticados por coronavirus. Este estado de alarma prohibía, entre otras cosas, entrar o salir de los municipios afectados sin causa justificada. Se declaró tras el auto judicial del Tribunal Superior de Justicia de Madrid que anulaba parte de una Orden Ministerial del Ministerio de Sanidad, que se consideraba que restringía derechos fundamentales. El estado de alarma en Madrid decayó el 24 de octubre a las 16:47, minuto exacto en que se cumplían los quince días que como máximo autoriza la Constitución a aplicar el estado de alarma sin permiso del Congreso de los Diputados.

La declaración del segundo estado de alarma a nivel nacional trae consigo dos innovaciones con respecto al primero: la duración de la prórroga, una única de seis meses y la participación más activa de las presidencias autonómicas, con evidentes consecuencias sobre el control político que el Congreso podía y debía efectuar. Ambos elementos acabarían redundando en una pérdida de protagonismo del Congreso de los Diputados, en un momento crucial en el que en el espíritu constituyente late todo lo contrario.

Con respecto a la prórroga, ni la Constitución ni la Ley Orgánica 4/1981, de 1 de junio, de los estados de alarma, excepción y sitio, establecen la duración del estado de alarma. Más allá de la duración máxima inicial de quince días, tras la cual tiene que intervenir necesariamente el Congreso, no hay indicación alguna[1].

---

[1] Art. 6. 2. «En el decreto se determinará el ámbito territorial, la duración y los efectos del estado de alarma, que no podrá exceder de

No obstante, el plazo máximo de quince días había sido tomado como referencia por el Gobierno de la Nación para las prórrogas sucesivas del primer estado de alarma y, a pesar del silencio constitucional, parece mucho más acorde con el papel que la Carta Magna atribuye al Congreso como guardián de los poderes extraordinarios conferidos al Ejecutivo.

Así lo demuestran las previsiones constitucionales. El art. 116.5 CE establece que «no podrá procederse a la disolución del Congreso mientras estén declarados algunos de los estados comprendidos en el presente artículo, quedando automáticamente convocadas las Cámaras si no estuvieren en período de sesiones. Su funcionamiento, así como el de los demás poderes constitucionales del Estado, no podrá interrumpirse durante la vigencia de estos estados. Disuelto el Congreso o expirado su mandato, si se produjere alguna de las situaciones que dan lugar a cualquiera de dichos estados, las competencias del Congreso serán asumidas por su Diputación Permanente».

Tras la declaración inicial del estado de alarma, el Congreso de los Diputados adquiere todo el protagonismo pudiendo, según hemos visto en el art. 6.2 LO de estados de alarma, establecer el alcance y las condiciones vigentes durante la prórroga. En sintonía con este precepto, el Reglamento del Congreso faculta a los Grupos Parlamentarios a presentar propuestas sobre el alcance y las condiciones vigentes durante la prórroga hasta dos horas antes del comienzo de la sesión en que haya de debatirse la concesión de la autorización de la prórroga del estado de alarma[2].

Y en esta línea, la Ley Orgánica de estados de excepción, no solo exige al Gobierno dar cuenta de la declaración del estado de alarma, sino que además prevé el derecho de los

---

quince días. Solo se podrá prorrogar con autorización expresa del Congreso de los Diputados, que en este caso podrá establecer el alcance y las condiciones vigentes durante la prórroga».

[2] Art. 162.3 Reglamento del Congreso de los Diputados.

miembros del Congreso a pedir al Gobierno toda la información que consideren conveniente acerca de las medidas adoptadas durante el estado de alarma[3]. Por su parte, el art. 8.2 establece que el Gobierno tendrá que dar cuenta de los Decretos aprobados durante el estado de alarma[4].

De esta forma, el papel que el ordenamiento atribuye al Congreso de los Diputados va más allá del de mero guardián de los poderes extraordinarios que confiere el Estado de alarma a la autoridad competente, el Ejecutivo, otorgándole la facultad de autorizar las prórrogas, determinando su alcance concreto y duración, como ya hiciera en las seis prórrogas del período anterior.

Por ello, la concesión de una única prórroga de seis meses de duración contradice el espíritu constitucional hasta el punto de que fue declarada inconstitucional por el Tribunal Constitucional en su STC 183/2021, de 27 de octubre, acudiendo a un análisis desde la perspectiva de la razonabilidad y obviando su examen desde la óptica del principio de proporcionalidad que a nuestro juicio encaja mejor para este fin. La misma LOAES, en su art. 1.2 establece que «las medidas a adoptar en los estados de alarma, excepción y sitio, así como la duración de estas, serán en cualquier caso las estrictamente indispensables para asegurar el restablecimiento de la normalidad. Su aplicación se realizará en forma proporcionada a las circunstancias» (PRESNO LINERA, 2021).

Para el Tribunal Constitucional, el examen desde la perspectiva de la proporcionalidad no aporta nada porque es un principio pensado para equilibrar bienes en tensión recíproca. Para el máximo intérprete constitucional, «la fijación parlamentaria de un determinado plazo de pró-

---

[3] Art. 8.1 LO estados de alarma: «El Gobierno dará cuenta al Congreso de los Diputados de la declaración del estado de alarma y le suministrará la información que le sea requerida».

[4] Art. 8.2 LO estados de alarma: «El Gobierno también dará cuenta al Congreso de los Diputados de los decretos que dicte durante la vigencia del estado de alarma en relación con este».

rroga está al servicio de la posible disposición periódica por el Congreso de la vigencia y condiciones del estado de alarma. Frente a esta garantía, en sede política, de la preservación del buen funcionamiento del estado de derecho y de los derechos fundamentales no se alza ningún bien constitucional contrapuesto cuya preservación impusiera ponderación alguna. La asiduidad, mayor o menor, de una intervención decisoria del Congreso de los Diputados en nada disminuye o potencia, en el plano de los hechos, la efectividad de las medidas extraordinarias en cada supuesto acordadas —susceptibles siempre de nueva aprobación parlamentaria— ni la protección, a su través, de los bienes o intereses constitucionales que estén comprometidos, de un modo u otro, por la situación de emergencia»[5].

Para el Tribunal, «el criterio determinante debe ser el de razonabilidad: la determinación de un plazo concreto para la duración de la prórroga obedece a un criterio de razonable adecuación del período de tiempo de la prolongación del estado de alarma a las circunstancias del caso concreto. La Cámara, a la vista de la solicitud de autorización del Gobierno y de las medidas que este proponga para el restablecimiento de la normalidad, debe fijar un plazo de duración de la prórroga que le permita hacer efectiva su potestad constitucional de revisar lo actuado por el Ejecutivo en el anterior período de alarma y la eficacia de las medidas adoptadas, en relación con la situación de alteración grave de la normalidad producida».

Con la prórroga de seis meses, a juicio del Tribunal Constitucional, el Congreso de los Diputados renunciaba a ejercer su función propia, participando en la determinación del alcance concreto de las medidas a adoptar en cada momento. «La duración de la prórroga del estado de alarma se acordó sin fundamento discernible y en detrimento, por ello, de la irrenunciable potestad constitucional del Congreso de los Diputados para decidir en el curso de la emergencia, a solicitud del Gobierno, sobre

---

[5]   FJ 8.

la continuidad y condiciones del estado de alarma, intervención decisoria que viene impuesta por la Constitución (art. 116.2)»[6]. Ahora bien, este hecho no supone que se vulnere el art. 23.2 CE, pues los miembros del Congreso participaron del debate y decisión referidas y fueron ellos los que autorizaron la prórroga con el voto favorable de la mayoría de la Cámara. Es decir, el TC entiende que no se vulnera el derecho a participar en los asuntos públicos, como reclamaban los diputados recurrentes, miembros del Grupo Parlamentario Vox, porque son los mismos diputados del Congreso los que por mayoría tomaron la decisión de prorrogar durante ese período tan largo.

El otro aspecto reseñable de este segundo estado de alarma tiene que ver con el mayor protagonismo que se otorgó a las Comunidades Autónomas, contraviniendo de manera palmaria lo previsto en el art. 7 de la Ley Orgánica de los Estados de Alarma, Excepción y Sitio, que establece que «A los efectos del estado de alarma la Autoridad competente será el Gobierno o, por delegación de este, el presidente de la Comunidad Autónoma cuando la declaración afecte exclusivamente a todo o parte del territorio de una Comunidad.» El Decreto de declaración de este segundo estado de alarma, sin embargo, establecía lo siguiente:

Art. 2. Autoridad competente.

1. A los efectos del estado de alarma, la autoridad competente será el Gobierno de la Nación.

2. En cada comunidad autónoma y ciudad con Estatuto de autonomía, la autoridad competente delegada será quien ostente la presidencia de la comunidad autónoma o ciudad con Estatuto de Autonomía, en los términos establecidos en este real decreto.

3. Las autoridades competentes delegadas quedan habilitadas para dictar, por delegación del Gobierno de la Nación, las órdenes, resoluciones y disposiciones para la aplicación de lo previsto en los arts. 5 a 11. Para ello, no será precisa la tramitación de procedimiento administrativo alguno ni será de aplicación lo previsto en el segundo párrafo del art. 8.6 y

---

[6] FJ 8.

en el art. 10.8 de la Ley 29/1998, de 13 de julio, reguladora de la Jurisdicción Contencioso-administrativa.

Se consideraba así Autoridad competente a las presidencias de las Comunidades Autónomas aun cuando la Ley Orgánica tan solo lo permite si el estado de alarma afecta únicamente a su territorio, ya sea total o parcialmente.

Y así lo entendió también el Tribunal Constitucional, que declaró inconstitucional este segundo extremo en su STC 183/2021, al considerar que ese nombramiento genérico a las presidencias de las Comunidades Autónomas vulneraba lo previsto en la Ley Orgánica a la que el constituyente en su art. 116 había delegado la regulación de la materia.

Asimismo, consideró que «la delegación acordada (...) no respondió a lo que es propio de un acto de tal naturaleza, que implica que el delegante, el Congreso en este caso, en tanto que titular de la potestad, debería establecer al menos criterios o instrucciones generales que guiaran la actuación del órgano delegado y el control que habría que ejercer por parte del Congreso. Para la mayoría, en definitiva, las atribuciones que confiere la Constitución y la Ley Orgánica al Congreso, no son ni suprimibles ni renunciables y se debió fiscalizar y supervisar la actuación de las autoridades gubernativas durante toda la prórroga acordada (art. 116.5 CE y arts. 1.4 y 8 LOEAES). De esta manera, el órgano que sí podría ser controlado por el Congreso, el Gobierno, queda desprovisto de atribuciones a favor de las autoridades delegadas. Y los que sí han sido apoderados, las Presidencias de las Comunidades Autónomas y de las ciudades con estatuto de autonomía, no están sujetos al control de la Cámara, sino, en todo caso, de los Parlamentos autonómicos respectivos».

Aunque compartimos el sentido que guía la consideración de las presidencias autonómicas como autoridades delegadas, por ser una decisión más respetuosa con la distribución de competencias propia de nuestro sistema constitucional, pocas dudas puede haber de que contradice frontalmente el art. 7 de la LOAES, como se ha visto.

Es cierto que hay muchos argumentos a favor de la consideración de las presidencias autonómicas en autoridades delegadas, dado el estado de desarrollo actual de nuestro Estado de las autonomías. Pero, también es cierto que, tratándose de legislación excepcional, sus previsiones resultan de aplicación al margen de lo previsto en la legislación ordinaria.

PRESNO LINERA (2021:180), que no comparte la declaración de inconstitucionalidad en este extremo, llama la atención sobre la argumentación empleada por la mayoría en la sentencia, que lejos de ceñirse a la contradicción palmaria con el art. 7 LOAES, destaca el desapoderamiento que se produce por parte del Congreso ya que, la consideración de las presidencias autonómicas como autoridad competente, deja al Gobierno central desprovisto de funciones y al Congreso, a su vez, desprovisto de la potestad de controlar y supervisar al Gobierno en este caso.

Por el contrario, los cuatro magistrados disidentes con el Fallo no consideran inconstitucional esta delegación, por diversos motivos. Especialmente interesante nos parece la posición del magistrado González Rivas, que en su Voto Particular considera que la delegación en sí no supuso una transferencia en la titularidad de las competencias sino únicamente en su ejercicio, lo que no presenta problemas de constitucionalidad. Sin embargo y, como ya hemos adelantado, la letra del art. 7 LOAES es bastante taxativa.

Al final, lo que sucedió, es que durante los seis meses que duró la prórroga, el Gobierno evitó la molestia que suponía negociar prórroga a prórroga, como en el período anterior, para conseguir la autorización del Congreso de los Diputados. Esto, unido a que la transferencia de poder a las Comunidades Autónomas se hace evidente, al considerar autoridades competentes a las presidencias autonómicas, vació de parte de su poder de control y supervisión al Congreso de los Diputados en unos momentos en que siguen en juego importantes restricciones de derechos fundamentales.

También es cierto que evitó parte del desgaste que hubiera supuesto para el presidente del Ejecutivo central ser el directo responsable de unas medidas que había que negociar con fuerzas distintas y además numerosas, para conseguir la validación parlamentaria.

En lo que respecta a la actividad parlamentaria de esos meses, se aprobaron 16 Decretos-ley, de los que se tramitaron como ley parlamentaria todos menos dos de ellos. A su vez, se retomó la actividad legislativa, totalmente paralizada durante el período anterior. Así se aprobaron un total de 11 leyes, incluida la de presupuestos en 2020, la primera de las cuales es de julio. Asimismo, se aprobaron tres leyes orgánicas, la primera en septiembre. En la primera parte de 2021, hasta mayo, se aprobaron, además, seis leyes ordinarias y seis leyes orgánicas.

Así como los Decretos-ley están muy relacionados con la necesidad de contener los efectos de la pandemia, las leyes parlamentarias regulan otro tipo de cuestiones, con una actividad, además que va en aumento como se ha visto. Tanto tiempo de gobierno en funciones y la semi-paralización de los primeros meses de la legislatura por la pandemia exigía ahora cierta actividad.

Pero, no cabe duda de que la legislatura de verdad empezaba con el fin de los estados de alarma. No significa eso que la pandemia estuviera superada ni sus efectos negativos contenidos. El coronavirus nos dejaría todavía muchas medidas restrictivas y unos efectos económicos complejos a los que había que hacer frente. A 27 de mayo de 2022, recién levantado el segundo estado de alarma, las cifras eran sobrecogedoras: 12.326.264 casos confirmados de COVID-19 y 106.341 la cifra total de fallecidos.

2. EL PARLAMENTO POST PANDEMIA (10 DE MAYO DE 2021 A FIN DE LA LEGISLATURA)

El 9 de mayo de 2021 terminaba el segundo estado de alarma decretado en todo el territorio de la Nación, iniciándose el tránsito a la nueva normalidad que incluiría todavía algunas obligaciones como la de llevar mascarilla en determinadas situaciones, que no decaería completamente hasta el 4 de julio de 2023.

En puridad, podríamos decir que la legislatura ordinaria empieza ahí, porque hasta entonces, la necesidad de hacer frente a la pandemia del COVID había impedido el desarrollo normal del programa de gobierno y la mayoría de la acción de gobierno iba dirigida a contener la crisis sanitaria y sus efectos económicos sobre la población. Tampoco fueron tranquilos los meses restantes. La invasión de Rusia sobre Ucrania provocó una subida de los precios de la energía que elevaron la inflación en toda Europa y nos hicieron temer por el abastecimiento de gas y obligaron a tomar medidas urgentes para hacerle frente.

En el terreno de las relaciones gobierno-parlamento asistimos a dos mociones de censura protagonizadas por el mismo partido y a un número inusitado de iniciativas de reprobación de los miembros del Gobierno.

2.1.   *La recuperación de la normalidad legislativa y presupuestaria*

Como resulta obvio, la primera parte de la legislatura estuvo marcada por la lucha contra la pandemia y así se aprecia en el signo de la legislación aprobada, con muchas normas dedicadas a contener los efectos negativos de la COVID sobre la ciudadanía y la Economía, que se materializan sobre todo a través de Decretos-ley. Como podrá imaginarse, en esta fase no se reduce mucho el ritmo de aprobación de Decretos-ley que, sin embargo, cede terreno frente a la ley parlamentaria, que recupera cierto protagonismo.

En lo que respecta a la actividad legislativa, en 2021 se aprueban 21 leyes ordinarias y 11 leyes orgánicas. Entre estas, la de Eutanasia, la del Consejo General del Poder Judicial en funciones y la de Protección integral a la infancia y la adolescencia. Entre las leyes ordinarias, la del

Ingreso Mínimo Vital, la reducción de la temporalidad en el empleo público, la de cadena alimentaria o la Ley Rider. Frente a esas 32 leyes entre ordinarias y orgánicas, 32 Decretos-ley.

Pero no es solo esto. Parece que el Gobierno de coalición recupera en parte su pulso legislativo y en 2021, de las 21 leyes ordinarias aprobadas, únicamente dos tienen su origen en proposiciones de ley de los grupos parlamentarios. El resto, son el resultado de proyectos de ley gubernamentales, evidenciando cómo el gobierno había recuperado, al menos en parte, su papel de impulsor de las principales políticas públicas a través de la iniciativa legislativa. Tiene sentido además teniendo en cuenta que muchas de estas normas tienen como objetivo luchar contra los efectos de la pandemia.

En el caso de las leyes orgánicas la proporción cambia, y de las 11 aprobadas, únicamente cuatro proceden del gobierno en forma de proyecto de ley. Dos son reformas de Estatutos de Autonomía y provienen en consecuencia de Parlamentos autonómicos y el resto proviene de los Grupos Parlamentarios, siendo de destacar una ley tan importante como la reguladora de la eutanasia, que procede del Grupo Parlamentario Socialista. También a propuesta de los Grupos Parlamentarios, esta vez de los dos que conforman el gobierno de coalición, PSOE y UP, se produce la reforma de la LOPJ para establecer el régimen jurídico del Consejo General del Poder Judicial en funciones, enclavado esto en un conflicto por su renovación del que luego daremos cuenta.

Por su parte, 2022 y 2023 presentan una actividad legislativa aún mayor, impensable poco tiempo antes, a la vista de lo reducido de su actividad en este campo. De hecho, en 2022 llegan a aprobarse 38 leyes ordinarias y 15 orgánicas, frente a 20 Decretos-ley. Entre ellas, la Ley 15/22, de Igualdad de Trato y No Discriminación; la de Memoria Democrática, la Ley Orgánica de Garantía integral de la libertad sexual, la penalización del acoso en las puertas de las clínicas abortivas o la reforma de la LOREG en materia de voto para españoles en el extranjero.

De las 38 leyes ordinarias que se aprueban, 31 proceden del Gobierno en forma de proyecto de ley. Destaca la aprobación de una ley procedente de la iniciativa legislativa popular, la de Reconocimiento de la Personalidad Jurídica de la Laguna del Mar Menor y otra cuya tramitación se había iniciado en el Senado, en materia de adaptación de nuestra normativa interna a la Convención de las Personas con Discapacidad.

En cuanto a las leyes orgánicas, la tendencia se invierte y de las 15 aprobadas en 2022, únicamente cuatro proceden del Gobierno.

En 2023, a pesar de que las elecciones se celebran en julio, se aprueban durante el primer semestre 13 leyes ordinarias y cuatro orgánicas, frente a cinco Decretos-ley. Entre ellas, algunas de tanta relevancia como la de Igualdad real y efectiva de las personas trans, la del derecho a la vivienda y, entre las leyes orgánicas, la polémica Ley del solo sí es sí, la del Sistema Universitario y la Ley de Salud sexual reproductiva y de la interrupción del embarazo.

De las leyes ordinarias, la totalidad procede de proyectos de ley del gobierno. De las orgánicas, tres. Únicamente una, la destinada a modificar el Código Penal en lo que tiene que ver con los delitos contra la libertad sexual, procede del Grupo Parlamentario Socialista.

Y en lo que respecta a los presupuestos, la legislatura se salda con la vuelta a la normalidad del principio de anualidad presupuestaria, pudiéndose aprobar unas nuevas cuentas en diciembre de 2020, derogando así unos presupuestos que llevaban en vigor desde julio de 2018. En 2021 también se aprueban con normalidad los presupuestos de 2022 y, en ese año, los de 2023. Ese año, en el que se celebrarían elecciones en julio, no se aprueban los presupuestos, debido teóricamente, a la celebración de elecciones.

De esta manera, en la última parte de la legislatura y tras un primer período centrado en la lucha contra la pandemia y sus efectos, el Parlamento recupera cierta vitalidad legislativa, siendo capaz de acometer un buen número de reformas legislativas, muchas de ellas en materia de derechos fundamentales. También hay que señalar como todos los Decretos-ley convalidados fueron votados para su tramitación como ley parlamentaria, en una muestra más de que, en caso de ausencia de mayorías bien definidas en un Parlamento altamente fragmentado, la tramitación como ley es un elemento más con que cuenta el Gobierno en la negociación para conseguir apoyos para la convalidación. Y desde el punto de vista del Parlamento no deja de ser una gran noticia, teniendo en cuenta que una vez que se ha participado en la convalidación, con una mera votación, se abre la puerta a la presentación de enmiendas que den cabida al sentir de otras sensibilidades presentes en el Parlamento.

Es de destacar la cantidad de leyes, ya sean de nuevo cuño o de modificación de legislación anterior, que se dedican a la igualdad y a la lucha contra la violencia machista. Y resulta llamativo además la cantidad de ellas que proceden del Grupo Parlamentario Socialista, siendo UP quien ocupa el Ministerio de Igualdad en el reparto de carteras del gobierno de coalición.

Ello se debe a una tensión constante entre los socios de gobierno, que tuvo en el campo del feminismo su máxima expresión. De hecho, la aprobación de la polémica Ley del solo sí es sí, la Ley Orgánica 10/2022, de 6 de septiembre, de garantía integral de la libertad sexual, impulsada por el Ministerio de Igualdad en manos de UP, trajo consigo la rebaja de pena a muchos condenados por delitos contra la libertad sexual, dada la ausencia de una cláusula para limitar los efectos retroactivos que provocaba la desaparición del abuso sexual como tipo penal específico y su equiparación con la agresión sexual.

Ello provocó gran alarma social a la que el Partido Socialista quiso poner fin, registrando una modificación sin que su socio de gobierno tuviera conocimiento de esta y contra su criterio. La reforma sería aprobada mediante la Ley Orgánica 4/2023, de 27 de abril.

2.2. El control de la acción del gobierno y la exigencia de responsabilidad

Esta legislatura se salda con la presentación sin éxito de dos mociones de censura, iniciadas ambas por la misma fuerza política, Vox, en un intento por asumir protagonismo dentro del bloque conservador, tratando de desgastar así al Partido Popular, primer partido de la oposición.

De esta forma, como ya pasara con la moción de censura presentada por UP en la XII Legislatura, es la tercera fuerza política la que plantea la moción y el objetivo de desgaste que siempre conlleva, se concentra en la otra fuerza de su mismo bloque, el Partido Popular y no en el gobierno. Se pervierte así el sentido originario de la moción, que se convierte en un instrumento de pugna dentro de un mismo bloque ideológico.

En esta ocasión, dos años y medio más tarde de la primera, en marzo de 2023, se debate otra moción de censura al Gobierno presidido por Pedro Sánchez y presentada por los mismos firmantes de la anterior, Santiago Abascal y los otros 51 Diputados de Vox, que incluye como candidato a la Presidencia del Gobierno a don Ramón Tamames Gómez. Todo lo relativo a esta moción de censura tuvo cierto tono pintoresco primero, porque se anunció mucho antes de presentarla y, segundo, porque el candidato alternativo había sido integrante del Partido Comunista y además tenía ya una edad muy avanzada, lo que hacía pensar que había primado el tono efectista sobre la capacidad real de conseguir que triunfara. El resultado de la votación fue de 53 votos a favor, 201 votos en contra y 91 abstenciones. Esta vez, los diputados del PP optaron por la abstención.

En lo que respecta al control ordinario del Gobierno, la legislatura fue muy movida sobre todo en lo que respecta a los intentos de reprobación de los miembros del Gobierno Sánchez. Como ha destacado MORALES ARROYO (2024) únicamente en esta legislatura se presentan 67 mociones de reprobación, de las cuales solo dos son objeto de aprobación al final de la legislatura. Una de ellas se formaliza contra la ministra de Transportes, Movilidad y Agenda Urbana, planteada por el Grupo Popular del Congreso a partir de una interpelación urgente sobre la política de vivienda del Gobierno; en su apoyo acaban concurriendo diversos partidos de los que habitualmente han apoyado al Gobierno, movidos, aparentemente, por la proximidad de las elecciones municipales[7]. La otra moción que triunfa la plantea también el Grupo Parlamentario Popular a partir de una interpelación urgente, presentada el 15 de diciembre de 2022, para que el Gobierno explicase los sucesos de 26 de junio en la frontera de Melilla; la moción de reprobación se dirige contra el ministro del Interior y triunfa gracias al apoyo, y las abstenciones, que recibe de ciertas fuerzas independentistas que habitualmente habían colaborado con las fuerzas de la coalición gubernamental, como en el caso anterior[8].

Ciertamente, el número de las tramitadas en la Legislatura resulta alto y, sumado a las dos mociones de censura, da cuenta del asedio al que fue sometido el gobierno de coalición en este período (MORALES ARROYO: 2024)

Con un panorama político muy convulso y tras unas elecciones locales y autonómicas celebradas el 29 de mayo de 2023, con una victoria indiscutible del bloque conservador, Pedro Sánchez disolvía las Cortes Generales convocando elecciones para el 23 de julio y poniendo fin así al primer gobierno de coalición de nuestra reciente historia democrática.

La legislatura se había saldado con una elevada actividad parlamentaria, que se traduciría en el número altísimo de leyes parlamentarias aprobadas, así como de Decretos-ley convalidados y tramitados como proyectos de ley por el procedimiento de urgencia.

---

[7]   La votación en *DSCD, Pleno y Diputación Permanente*, núm. 268, de 11 de mayo del 2023, p. 33.

[8]   La votación en *DSCD, Pleno y Diputación Permanente*, núm. 242, de 9 de febrero de 2023, p. 55.

2.3. *La designación parlamentaria*

En lo que respecta a la función de designación parlamentaria, en este período asistimos al nombramiento del Defensor del Pueblo y de los consejeros del Tribunal de Cuentas sin mucho problema. El primero es elegido en noviembre de 2021, poniéndose así fin a una situación de interinidad que se arrastraba desde 2017, cuando la entonces Defensora del Pueblo, Soledad Becerril, dimitía al finalizar los cinco años de mandato. Quedaba al frente de manera provisional el adjunto primero, en una anómala situación que se corrige ahora, con un acuerdo muy amplio. En el Congreso, con el apoyo de 340 diputados, seis votos en blanco y tres nulos. En el Senado, con 216 votos a favor y tan solo uno en blanco.

En esta legislatura también se pone fin a la interinidad de los miembros del Tribunal de Cuentas, cuyo mandato había finalizado en julio de 2021. En noviembre del mismo año, cuatro meses después, el Congreso y el Senado eligen cada uno a seis miembros, por mayoría de tres quintos.

Poco antes, en octubre de 2021, PSOE y PP llegaron a un acuerdo para la renovación de los cuatro magistrados del Tribunal Constitucional que dependen del Congreso de los Diputados, tras casi dos años 'en prórroga', pues sus respectivos mandatos terminaron en 2019. De esta forma, el 17 de noviembre de 2021, tomaban posesión los cuatro nuevos magistrados, con el apoyo de los tres quintos requeridos. Los del Senado se habían elegido en 2017.

Sin embargo, esta tónica de entendimiento encalla en lo relativo a la elección de los vocales del Consejo General del Poder Judicial. Como es sabido, cada Cámara designa cuatro vocales por mayoría de tres quintos, entre juristas de reconocida competencia con más de quince años de ejercicio, tal y como establece el 122 CE. Asimismo, tienen que elegir a seis miembros por Cámara, con idéntica mayoría de tres quintos, entre jueces y magistrados.

El CGPJ había sido renovado el 4 de diciembre de 2013, por lo que llevaba caducado desde diciembre de 2018. El bloqueo en su renovación, que no se produce hasta junio de 2024, provocó un debate muy bronco, con reforma legislativa incluida para limitar las atribuciones del CGPJ en funciones.

Recordemos cómo en 2018, PP y PSOE acordaron la renovación de los 20 vocales del Consejo General del Poder Judicial y la elección del hasta entonces presidente de la Sala Segunda del Supremo, Manuel Marchena, como presidente del CGPJ. La negociación se truncó por la filtración de unos mensajes del entonces portavoz del PP en el Senado, Ignacio Cosidó, diciendo que, con ese nombramiento, el partido controlaría la «Sala Segunda por detrás».

Desde entonces, todos los intentos de renovación se habían frustrado. El PP ha justificaba el bloqueo pidiendo una modificación de la ley, para que los jueces volvieran a elegir a los vocales de extracción judicial, una opción que el Gobierno de Mariano Rajoy había desechado durante la última legislatura que gobernó con mayoría absoluta.

En respuesta a las dificultades planteadas por el Partido Popular, que no quería perder la mayoría de que disponía en el Consejo General del Poder Judicial cuyo mandato lleva caducado desde 2018, los Grupos Parlamentarios Socialista y UP presentaron una proposición de ley que se acabaría aprobando en marzo de 2021, para limitar las atribuciones del Consejo General del Poder Judicial en funciones. La intención obvia, desincentivar el bloqueo interesado a la renovación por aquellos partidos que no quieren perder su capacidad de influencia en las decisiones del órgano. Y de esta manera se aprueba la Ley Orgánica 4/2021, de 29 de marzo, por la que se modifica la Ley Orgánica 6/1985, de 1 de julio, del Poder Judicial, para el establecimiento del régimen jurídico aplicable al Consejo General del Poder Judicial en funciones. Pero la cosa no quedó ahí, como veremos.

3. La disputa con el Tribunal Constitucional

En este contexto de bloqueo en la designación de los miembros del Consejo del Poder Judicial, el Gobierno a través de sus Grupos Parlamentarios, trata de responder mediante una reforma legal que coadyuve a desbloquear el nombramiento de los magistrados del Tribunal Constitucional pendientes, los procedentes del Gobierno y del Consejo General del Poder Judicial. Ya hemos visto cómo se había procedido a limitar las atribuciones del Consejo General del Poder Judicial en funciones y ahora se pretende rebajar las mayorías requeridas para la elección, por este órgano, de los magistrados que les correspondía nombrar. Y evitar, además, que el Tribunal Constitucional continuase con el bloqueo a la incorporación de los dos nombrados por el Gobierno, hasta tanto no estuvieran los procedentes del órgano de gobierno de los jueces.

El problema es que para hacerlo se recurre a la técnica de las enmiendas intrusas, es decir, esas que no tienen nada que ver con el texto que se está tramitando y que ya habían sido objeto de análisis por parte del Tribunal Constitucional, que había ido endureciendo su posición con respecto a su admisibilidad.

Con este telón de fondo, se produciría un hecho de extrema gravedad desde el punto de vista de las posiciones respectivas que el Parlamento y el Tribunal Constitucional tienen que mantener, con la suspensión de la tramitación legislativa de las enmiendas en cuestión, paralizando el procedimiento legislativo para impedir la votación y —eventual— aprobación de estas. El argumento, la inadmisión en este caso de las enmiendas intrusas.

Con respecto a este tipo de enmiendas, que son aquellas que no presentan homogeneidad con el texto que pretenden modificar, la jurisprudencia había ido evolucionando desde un primer momento permisivo con este tipo de práctica, que deja mucho que desear desde la perspectiva de la buena técnica legislativa, pero que no encuentra límite en nuestro ordenamiento estatal, como sí sucede en los países de nuestro entorno. Entre nosotros, únicamente algunos reglamentos autonómicos exigen homogeneidad entre las enmiendas y el texto a enmendar.

Ante esta ausencia de límites, el Tribunal Constitucional se había mostrado favorable a su admisión en una jurisprudencia que iría cambiando poco a poco, hasta llegar al extremo contrario, validando su inadmisión por falta de homogeneidad. Qué duda cabe de que la exigencia de cierta relación entre la enmienda y el texto a enmendar está implícita en el mismo concepto de este procedimiento parlamentario, aun sin mención expresa de este requisito.

Ciertamente, el TC se había enfrentado a este supuesto en varias ocasiones, con enmiendas introducidas en el Senado, que nada tenían que ver con el contenido inicial del proyecto o proposición tal y como había salido de la Cámara Baja. Este proceder hurtaba al Congreso de los Diputados la posibilidad de debate y análisis sobre las cuestiones añadidas por las enmiendas.

Paradigmática de la primera posición, permisiva con las enmiendas intrusas, es la STC 99/1987, sobre la Ley 30/1984, de medidas para la reforma de la función pública, en la que el Tribunal afirmaba que «no existe ni en la Constitución ni en los Reglamentos de ambas Cámaras norma alguna que establezca una delimitación material entre enmienda y proposición de ley. Ni por su objeto, ni por su contenido, hay límite alguno a la facultad que los miembros de las Cámaras tienen para presentar enmiendas, exceptuadas las que, tanto para las enmiendas como para las proposiciones de ley, fijan los arts. 84 y 134.6 de la Constitución para asegurar un ámbito de acción propia al Gobierno».

Esta doctrina sería posteriormente ratificada en la STC 194/2000, de 19 de julio, en la que se analiza una cuestión introducida mediante enmienda en el Senado. Para el Tribunal Constitucional, los arts. 90.2 CE y 107 RS «no limitan el alcance de las enmiendas senatoriales que modifiquen el texto del proyecto enviado por el Congreso de los Diputados», rechazando que el procedimiento empleado hubiera restringido las facultades del Congreso de los Diputados.

Esta jurisprudencia sería reiterada años más tarde, en la Sentencia 119/2011, en la que el TC nos recuerda su doctrina destacando cómo «en defensa del amplio margen de autonomía y valoración de las Cámaras, que no cabe derivar de la Constitución la existencia de unos límites al alcance de las enmiendas senatoriales que impidan innovaciones en la finalidad de la iniciativa legislativa, de modo que la negativa a valorar la concurrencia de una conexión material u homogeneidad entre la enmienda y la iniciativa legislativa como requisito de admisibilidad de una enmienda no supondría una infracción de la legalidad parlamentaria».

El Tribunal Constitucional se había mostrado más favorable a reconocer la necesidad de homogeneidad en las enmiendas en sede de recurso de amparo, tanto en aquellos casos en los que el Reglamento Parlamentario de la Cámara preveía este requisito como en los que no (STC 23/90, AATC 275/93 y 1118/99).

En la importante STC 119/2011, se resuelve un recurso de amparo, abocado al Pleno, en la que se revisa la jurisprudencia anterior y se destaca de manera clara: «incluso en los supuestos en que el Reglamento de la Cámara legislativa correspondiente, como es el del Senado, guarde silencio sobre la posibilidad de que la Mesa respectiva verifique un control de homogeneidad entre las enmiendas presentadas y la iniciativa legislativa a enmendar, esta exigencia se deriva del carácter subsidiario que toda enmienda tiene respecto al texto enmendado, de la lógica de la tramitación legislativa y de una lectura conjunta de las previsiones constitucionales sobre el proceso legislativo». Y así, como si siempre hubiera sido esa su posición, el TC considera que existen límites materiales a la actividad legislativa, reconociendo a su vez un amplio margen de apreciación de las Cámaras para determinar si existe o no conexión material, exigiendo motivación sobre la decisión adoptada.

Pues bien, con esta jurisprudencia de fondo, doce diputados del Partido Popular del Congreso presentan un recurso de amparo frente a la admisión de dos enmiendas parciales que los grupos parlamentarios Socialista y Confederal de Unidas Podemos- En Común Podem- Galicia en Común, habían presentado a la proposición de ley orgánica de transposición de directivas europeas y otras disposiciones para la adaptación de la legislación penal al ordenamiento de la Unión Europea, y reforma de los delitos contra la integridad moral, desórdenes públicos y contrabando de armas de doble uso. Las enmiendas, que nada tenían que ver con el texto de la proposición de ley, consistían en una reforma de la Ley Orgánica 6/85, de 1 de julio, del Poder Judicial y de la Ley Orgánica 2/79, de 3 de octubre, del Tribunal Constitucional, pretendían, específicamente, reformar la Ley Orgánica del Tribunal Constitucional —y eliminar el trámite de verificación de la adecuación de los nombramientos de nuevos magistrados— y la Ley Orgánica del Poder Judicial, en lo referido al modo de elección y mayorías requeridas para la designación de magistrados del Tribunal Constitucional por parte del Consejo General del Poder Judicial.

La Mesa de la Comisión de Justicia decidió admitir las enmiendas por acuerdo de 12 de diciembre de 2022. Ante eso, los 12 diputados del Partido Popular presentaron una solicitud de reconsideración ese mismo día, que no llegó a ser estudiada por la mesa de la Comisión. El presidente de la citada Comisión convocó a la misma para el día 15 de diciembre de 2022, con un orden del día que incluía el debate de la proposición de ley (y, por ende, de las enmiendas 61 y 62), lo que llevaría previsiblemente a su aprobación. Ante estos hechos, el 14 de diciembre de 2022, los mismos doce diputados del Partido Popular interpusieron un recurso de amparo ante el Tribunal Constitucional alegando lesión de su derecho a la participación política reconocido en el art. 23 CE. Los recurrentes solicitaron además la adopción de una medida cautelar *inaudita parte* que permitiera la suspensión de la tramitación parlamentaria de las enmiendas intrusas, argumentando que, de no hacerlo así, se produciría una lesión irreparable para sus derechos fundamentales reconocidos en el art. 23 CE. Y lo solicitaban con carácter urgente, dado que la votación en el Pleno del Congreso estaba prevista para el 15 de diciembre de 2022.

No es posible entender el asunto en toda su magnitud si no se repara en el contenido de las enmiendas cuestionadas que pretendían, una de ellas, obligar al Tribunal Constitucional a convocar un Pleno para nombrar magistrados a los dos candidatos ya designados por el Gobierno. El Tribunal Constitucional no había procedido a ello argumentando que la Constitución prevé que el Tribunal se renueve por tercios, que los dos magistrados designados por el Gobierno tienen que ir acompañados de los dos designados por el Consejo General del Poder Judicial y que este último no había designado aún a los futuros magistrados.

Con este contexto y, tras la presentación de la demanda de amparo, los grupos parlamentarios Socialista y Unidas Podemos plantean, además de su solicitud de personación, la recusación de los dos magistrados que, de salir adelante la votación, serían automáticamente renovados y, en consecuencia, tendrían que dejar sus cargos. El Tribunal Constitucional, en una respuesta un poco insólita, por ser suave, inadmitió la recusación por entender que la habían planteado sin estar personados y luego, admitió su personación.

Pero no quedó ahí la cosa. En un pronunciamiento inédito, en el que se cruzaron las líneas rojas de la autonomía parlamentaria, el Tribunal Constitucional atendió la petición de medidas cautelares y suspendió la votación del Pleno del Senado, alegando que, si esta se producía, la lesión de los derechos fundamentales de los recurrentes sería irreparable.

Y con esa argumentación se decreta la paralización de una votación, no en el Congreso de los Diputados, donde ya había tenido lugar días antes, sino en el Senado. El argumento es falaz porque la lesión, de existir, ya se habría producido y era irreparable desde un punto de vista material. Se trata de un recurso de amparo interpuesto por diputados frente a actuaciones de la Cámara de la que forman parte y el Tribunal Constitucional, de manera preventiva, paraliza una votación en el Senado, la otra Cámara. Si a esto añadimos que las enmiendas, de aprobarse como era previsible, provocarían el inmediato cese de dos de sus miembros, cuya recusación no se había aceptado bajo argumentos del todo inconsistentes, pues eliminarían un trámite previo, el de verificación de los nuevos magistrados. Este trámite, meramente formal, estaba permitiendo al Tribunal Constitucional bloquear la renovación parcial de los dos magistrados ya designados por el gobierno y que tenían su mandato caducado hacía seis meses. Como consecuencia del Auto, el Senado aprueba el texto sin las enmiendas controvertidas, que no se incluyen finalmente en la proposición de ley.

Por su parte, el Consejo General del Poder Judicial alcanzaría finalmente un Acuerdo para designar a los dos nuevos magistrados del Tribunal Constitucional, pudiéndose producir la renovación del órgano en diciembre de 2022.

El análisis pormenorizado del asunto no puede tapar la gravedad extrema que supone la paralización de una votación en el único órgano que representa a la ciudadanía de manera directa. Hacerlo además en sede de amparo, como medida provisional, cuando la votación frente a la que se recurre ya se ha producido en el Congreso de los Diputados y la suspensión se dirige al Senado.

Capítulo VI

La XV Legislatura

1. Una investidura disputada

El 29 de mayo de 2023, Pedro Sánchez anunciaba la convocatoria anticipada de elecciones generales, que se celebrarían el 23 de julio. Se ponía así fin de manera anticipada a la legislatura de la pandemia, la invasión de Ucrania y la inflación desorbitada a la que tuvo que hacer frente el primer gobierno de coalición de nuestra reciente historia constitucional.

Los resultados de las municipales y autonómicas del 28 de mayo otorgaron mucho poder institucional al bloque de la derecha y hacían presagiar un bronco y complicado final de legislatura para el Gobierno. Con ese escenario, Pedro Sánchez disolvió las Cámaras el 29 de mayo, un día después de los comicios y convocó elecciones.

Los comicios arrojaron un resultado inesperado para el bloque progresista que contaba con números para revalidar el Gobierno, a pesar de que el Partido Popular fue el más votado, con 137 escaños que, sin embargo, sumados a los 33 de Vox, se quedaron a seis de la mayoría absoluta. Por su parte, el Partido Socialista obtuvo 121 escaños incluyendo los del Partido Socialista de Catalunya que, sumados a los 31 de Sumar, que aglutinaba a los partidos que habían conformado Unidas Podemos en la legislatura anterior y a alguno más, se quedaban en 152. Con este escenario, la investidura no parecía fácil. No obstante, el bloque progresista contaba con más posibilidades de investir a su candidato, dada su capacidad para armar acuerdos con otras fuerzas presentes en el hemiciclo. Así lo habían demostrado en la sesión constitutiva de la Cámara el 17 de agosto, en la que consiguieron que Francisca Armengol, miembro del grupo parlamentario socialista, fuera nombrada presidenta con 178 escaños, dos por encima de la mayoría absoluta. La composición de la Mesa reflejaba esos acuerdos: cuatro miembros del Grupo Popular, tres miembros del Grupo Socialista y dos de Sumar.

Sin embargo, y contra todo pronóstico, Alberto Nuñez Feijóo, el líder del Partido Popular anunció su intención de someterse a la investidura, pidiendo además tiempo a la presidencia del Congreso para reunir los votos necesarios. A su vez, Pedro Sánchez, que parecía más cerca de conseguir esos apoyos, anunció su intención de concurrir cómo candidato a la presidencia del gobierno.

En medio de esta situación y tras la ronda de consultas con el Rey que tiene lugar los días 21 y 22 de agosto, asistimos a la irrupción de un actor que hasta la fecha no había tenido que jugar otro papel que el de altavoz de una decisión pacífica, el nombramiento como candidato del líder del partido más votado.

Únicamente en la XI Legislatura, la renuncia de Rajoy a someterse a la investidura dejó a la jefatura del Estado en una situación más compleja, que se resolvió cuando Pedro Sánchez decidió dar un paso al frente a pesar de que sabía que no contaba con los apoyos suficientes. Recordemos cómo solo así se pudo superar el *impasse* necesario para que empezaran a contar los dos meses previstos en el art. 99.5 CE para una nueva disolución si no se logra la investidura antes.

De esta manera y contra todo pronóstico, el Rey asume el protagonismo al decidir por su cuenta y riesgo, tenemos que decir, qué candidatura se somete a la investidura en primer lugar, optando por la de Feijóo. Aun cuando el nombramiento del candidato debe ser refrendado por la presidencia de las Cortes, en esta ocasión quedó claro que el Rey tomaba una decisión que no era la única posible, en detrimento de la posición de la presidenta de las Cortes, que no intervino en ella más que para refrendar.

Prueba de que el asunto no era pacífico es el mismo comunicado que emite la Casa Real, haciendo referencia a una supuesta costumbre parlamentaria que ha sido cuestionada por la doctrina. En el comunicado se alude a que, con la excepción de la XI Legislatura, la de la negativa de Rajoy, el candidato propuesto siempre ha sido el del partido que ha obtenido mayor representación. Y que eso ha creado una costumbre parlamentaria que en este caso cabía seguir, dado que no había una candidatura alternativa que tuviera asegurados los apoyos para la investidura.

Aquí surgen al menos dos cuestiones de interés constitucional. La primera es si la Constitución obliga a proponer al candidato que tiene más apoyos o al que tiene más posibilidades. La segunda, es la existencia misma de esa costumbre parlamentaria, que nosotros no contemplamos.

Con respecto a lo primero y, como ya hemos dicho, el procedimiento de investidura no siempre se puede construir sobre certezas. Cuando no las hay, tendrá que hacerse en base a posibilidades y, no cabe duda de que en esta situación Pedro Sánchez tenía más opciones de resultar investido presidente del Gobierno que Alberto Nuñez Feijóo. Sin embargo, en un contexto en el que no había certeza dado que las negociaciones aún no habían culminado y no se podía asegurar la investidura, el Rey opta por el candidato del partido con más representación parlamentaria. Certezas —número de escaños— sobre posibilidades —posibles apoyos—. Sin embargo, no creo que el proceso de investidura tenga que desarrollarse así. Asumirlo deja a la Cámara Baja y, por extensión, al Parlamento en muy mala posición, al encerrar la idea de que el debate que se desarrolla en esos días no tiene ningún efecto sobre la posición que los partidos han pactado previamente y al margen de lo que suceda en la Cámara. Y, en consecuencia, que si el acuerdo no está cerrado antes de la designación de la candidatura, lo único que puede hacerse es nombrar a la persona candidata del partido con más representación parlamentaria.

Sobre lo segundo, la existencia de costumbre, creo que no requiere demasiados esfuerzos para refutarlo. Cuando en todas las ocasiones, con la salvedad vista en la XI Legislatura, el candidato investido ha sido el del partido con más escaños, no puede decirse que se ha creado una costumbre aplicable a un caso en el que todo parecía indicar que en esta ocasión no iba a conseguir la investidura. Con el mismo razonamiento podría decirse que existe la costumbre de que el candidato propuesto es el que tiene más opciones de resultar investido, dado que siempre ha sido así.

En todo caso, pudiendo entender la decisión regia, dado que tras la ronda de consultas ninguna candidatura tenía asegurados los apoyos y tanto el candidato del Partido Popular como del Socialista habían manifestado su voluntad de someterse al procedimiento, me parece que el Rey se extralimitó en su papel, toda vez que una decisión así tendría que haber correspondido a la Presidencia de las Cortes. Es cierto que, según la Constitución, «el Rey, previa consulta con los representantes designados por los Grupos políticos con representación parlamentaria, y a través del presidente del Congreso, propondrá un candidato a la Presidencia del Gobierno». Pero esa propuesta tiene que ir refrendada por la presidencia de las Cortes, que asume la responsabilidad. Y creo que, lo que dispone la Constitución es que el Rey transmite a la presidencia de la Cámara el nombre de la candidatura con más opciones de éxito. No creo que tenga sentido ninguna otra interpretación. Y en caso de duda, no parece que sea una decisión que la Jefatura del Estado pueda tomar por su cuenta y riesgo.

Sea como fuere, la primera sesión de investidura, la de Alberto Nuñez Feijóo, se celebró los días 26 y 27 de septiembre y arrojó un resultado de 172 votos afirmativos frente a 177 negativos y un voto nulo. En la segunda votación el resultado sería 172 votos afirmativos frente a 178 negativos.

El Rey anunciaba una nueva ronda de consultas para los días 2 y 3 de octubre pero hasta el 16 de noviembre, Pedro Sánchez no resultó investido presidente del Gobierno, con 179 votos a favor (PSOE, Sumar, ERC, Junts, EH Bildu, PNV, BNG, CCa) y 171 en contra (PP, Vox, UPN). Si se suman todos los partidos que votaron «sí» a la investidura, 12,6 millones de votos respaldaron su Gobierno. En nuestra historia reciente, solo José Luis Rodríguez Zapatero consiguió un respaldo en escaños con más votos detrás: 13,5 millones, en 2004. Por otro lado, también es la investidura que acumula más votos en contra, 171, que tienen detrás 11,3 millones de votos, otro récord que vaticinaba una legislatura muy tensionada.

El acuerdo con Sumar incluía un gobierno de coalición, con 22 ministerios, cinco de los cuales serían para esta fuerza política. El Partido Socialista recuperaba, además, el Ministerio de Igualdad, que en el anterior gobierno de coalición había estado en manos de Unidas Podemos y despertado no pocas polémicas entre los socios de gobierno.

Para lograr acuerdos con las fuerzas nacionalistas, Sánchez se avino a reconocer la amnistía para los condenados por el *procés* e iniciar un debate territorial que incluyera la aprobación de un nuevo Estatuto de Autonomía para el País Vasco. Pero con el acuerdo de investidura no estaba todo hecho.

2. LA TORTUOSA TRAMITACIÓN DE LA LEY DE AMNISTÍA

2.1. *La rebelión de las togas*

El proceso de acuerdo para la investidura de Pedro Sánchez no estuvo exento de dificultades, que no cesarían ni meses después de logrado el nombramiento. El pacto con *Junts* incluía la aprobación por parte de las Cortes de una cuestionada ley de amnistía, que tenía que servir para dejar sin efecto los procesos penales desencadenados tras la jornada del 1 de octubre.

Más allá de la polarización social que ello ha provocado, alentada sin duda por los partidos del bloque conservador, lo más relevante fue la reacción de parte del poder judicial ante la idea misma de la amnistía, pronunciándose sobre el tema, al margen de sus competencias.

El 6 de noviembre de 2023, el Consejo General del Poder Judicial aprobaba (por nueve votos a favor, cinco en contra y uno en blanco) una Declaración institucional en contra de la amnistía en unos términos muy duros y que, sin duda, excedían de las competencias del órgano de gobierno del poder judicial, tal y como lo configura el art. 122 CE. Cabe recordar que el CGPJ tiene entre sus funciones la emisión de dictámenes sobre anteproyectos de ley o disposiciones generales que versen sobre normas penales y sobre régimen penitenciario, normas procesales o que afecten a aspectos jurídico-constitucionales de la tutela ante los Tribunales ordinarios del ejercicio de derechos fundamentales entre otras, así como aquellas que les sometan el Gobierno o las Asambleas legislativas. Pero, en el momento de emisión de esta Declaración no existía ningún anteproyecto o texto en forma de disposición general para pronunciarse y lo único que se conoce es el texto del acuerdo entre el Partido Socialista y *Junts*.

La Declaración también va mucho más lejos de lo que cabe esperar en cuanto a las manifestaciones que hace, que exceden del ámbito jurídico para adentrarse en cuestiones de naturaleza política. Y lo hace un órgano que se encuentra en funciones desde diciembre de 2018. En esa situación de interinidad, de los 21 miembros que la Constitución asigna al Consejo, solo quedaban 16, tras dos dimisiones, dos jubilaciones y un fallecimiento. La mayoría la ostentaban los diez vocales conservadores, todos propuestos por el PP para formar parte del órgano, de los que ocho han conformado un grupo muy crítico con Pedro Sánchez que durante 2022 boicoteó durante meses la renovación del Tribunal Constitucional y luego impulsó una movilización contraria a la ley de amnistía antes de que se conociera el texto de la proposición de ley.

El Dictamen contiene afirmaciones cómo que la amnistía «supone degradar y convertir» el Estado de derecho «en objeto de mercadeo al servicio del interés personal» del presidente del Gobierno en funciones, Pedro Sánchez, y muestra la «intensa preocupación y desolación» del órgano por lo que la medida de gracia supone de «degradación, cuando no de abolición, del Estado de Derecho en España».

Días antes, las cuatro asociaciones de jueces más representativas, incluida la progresista Juezas y Jueces para la Democracia, habían emitido un comunicado conjunto en el que mostraban su rechazo a la referencia contenida en el pacto firmado entre el Partido Socialista y *Junts* relativo a «las consecuencias» de la alusión al concepto *lawfare*, un término que se usa para definir la persecución judicial por razones políticas. Las tres asociaciones de fiscales habían emitido también, por separado, notas de rechazo a la inclusión de este término en el acuerdo.

Lo llamativo de todo ello, es que se aludía a un pacto entre dos fuerzas políticas al margen de las instituciones, con independencia de que fuera un pacto de investidura y de que el punto más controvertido, la amnistía, tuviera que aprobarse por ley. Pero, precisamente por ello, es llamativo el revuelo que provocó entre la mayor parte de los estamentos del poder judicial antes incluso de conocerse el texto de la norma.

La iniciativa de ley de amnistía, presentada en el Congreso a modo de proposición de ley del grupo socialista, tuvo un devenir azaroso, al ser tumbada en la votación final por el Pleno del Congreso previa a su paso al Senado por el voto en contra de *Junts*, que mantuvo el pulso al Partido Socialista hasta el final. Después de eso, y con no pocas dudas acerca del procedimiento a seguir, una vez tumbada por el Pleno, la iniciativa volvió a la Comisión correspondiente donde el Dictamen sí había sido aprobado.

Todo esto se produjo en un clima de crispación en el que se sucedieron incluso las concentraciones de jueces y magistrados en las puertas de los Juzgados de muchas ciudades españolas (Sevilla, Huelva, Cádiz, Salamanca, entre otras). A esas manifestaciones también acudieron fiscales, abogados, procuradores y secretarios judiciales, en repulsa al contenido del acuerdo PSOE y *Junts*, como ya se ha explicado.

Con independencia del juicio que eso nos pueda merecer, revela un ambiente de polarización que no le pone las cosas nada fáciles al Gobierno de coalición, apoyado en una mayoría débil y cuya situación se complicaría a raíz de la salida de los cinco diputados de Podemos del Grupo Parlamentario Plurinacional Sumar y su paso al Grupo Mixto, el 5 de diciembre de 2023. Prueba de ello, la no convalidación de un Decreto-ley, el 7/2023, de 19 de diciembre, por el que se adoptan medidas urgentes, para completar la transposición de la Directiva (UE) 2019/1158, del Parlamento Europeo y del Consejo, de 20 de junio, relativa a la conciliación de la vida familiar y la vida profesional de los progenitores y los cuidadores, y por la que se deroga la Directiva 2010/18/UE del Consejo, y para la simplificación y mejora del nivel asistencial de la protección por desempleo.

Otro diputado, José Luis Ábalos, comunica su paso al Grupo Mixto el 27 de febrero de 2024, tras el estallido de un escándalo que lo involucra en un caso de corrupción cuando era ministro de Transportes socialista en la anterior legislatura. El asunto, que lleva tiempo bajo investigación policial, acabaría salpicando al diputado y hasta entonces secretario de Organización del Partido Socialista, Satos Cerdán, muy próximo al presidente del gobierno, provocando un auténtico tsunami en el PSOE.

2.2. La oposición del Senado

Las elecciones generales de julio de 2023 arrojaron unas Cortes Generales con una composición dispar, con un Senado con una mayoría absoluta abrumadora del Grupo Popular, con 144 escaños del total de 266 que componen la Cámara, incluyendo los de designación autonómica.

En una legislatura que se había iniciado de manera tan convulsa y con un debate muy bronco en torno a la investidura, el Grupo Popular en el Senado no duda en usar su mayoría absoluta para hacer filibusterismo parlamentario, tratando de obstaculizar la tramitación de la Ley de Amnistía en dos tiempos.

El primero, a finales de 2023, con una reforma exprés del Reglamento Parlamentario para impedir la tramitación de la proposición de ley de amnistía en la Cámara Baja por el procedimiento de urgencia, que hubiera permitido acortar el plazo habitual de dos meses hasta los veinte días. Se consiguió así dilatar un proceso que ya había sufrido retrasos y dilaciones en el Congreso, por el inesperado voto negativo de *Junts* en el Pleno del Congreso y que obligó al texto a volver a la Comisión correspondiente.

Más allá de las consideraciones acerca de la constitucionalidad de la medida, anulada por el Tribunal Constitucional en su STC 63/2025, de 12 de marzo, lo cierto es que cumplió su función, dilatar la tramitación de la norma, que entró en el Senado el 14 de marzo de 2024. El 14 de mayo el Senado aprobaba su propuesta de veto, que devolvía el texto al Congreso de los Diputados.

Por si no fuera poco, el Grupo Parlamentario Popular anunció su intención de interponer un conflicto entre órganos constitucionales por su desacuerdo con el Congreso de los Diputados con respecto al texto, con solicitud incluida de medidas cautelares para la paralización de la norma, cosa que finalmente no hizo.

El conflicto entre órganos constitucionales, previsto en el art. 59 LOTC, no es un proceso constitucional adecuado para resolver desacuerdos en torno al contenido de textos legales. Está pensado como conflicto, y requiere por el órgano que lo plantea una *vindicatio potestatis*, es decir, la denuncia de que otro órgano constitucional de los legitimados (Congreso, Senado, Gobierno, Consejo General del Poder Judicial) está usurpando una competencia que le es propia. Y no era el caso.

Así que, con más incidencias de lo previsto, la Ley Orgánica 1/2024, de 10 de junio, de amnistía para la normalización institucional, política y social en Cataluña, pudo aprobarse definitivamente el 30 de mayo y entró en vigor el 11 de junio.

2.3. La constitucionalidad de la Ley de Amnistía y su efectiva aplicación

El mismo mes de su aprobación, en junio de 2024, más de 50 diputados y más de 50 senadores del Partido Popular interpondrían un recurso de inconstitucionalidad frente a la Ley de Amnistía, que fue resuelto un año después, en la STC 137/2025, de 26 de junio. En la misma, el Tribunal Constitucional declaraba la constitucionalidad de la norma, destacando como la amnistía no está expresamente prohibida en la Constitución, como sostenían los recurrentes.

Una vez despejadas las dudas en torno a su constitucionalidad por parte del Tribunal Constitucional y habiéndose aplicado a centenares de personas, resta la resolución de los recursos de amparo aún pendientes, planteados por los principales dirigentes del procés que habían visto como el Tribunal Supremo consideraba que habían incurrido en el delito de malversación, excluido expresamente del ámbito de la ley cuando existe «enriquecimiento patrimonial indebido». Entre ellos los de Oriol Junqueras, Raül Romeva, Dolors Bassa, Jordi Turull y el mismísimo Carles Puigdemont, que en septiembre de 2025 planteó tres recusaciones frente a miembros del Tribunal Constitucional.

Asimismo, quedan pendientes de resolución cuatro cuestiones prejudiciales admitidas ante el TJUE. En concreto, la planteada por el Tribunal de Cuentas, instada por Societat Civil Catalana; una elevada por el Tribunal Superior de Justicia de Cataluña (TSJC), impulsada por Vox; una tercera formulada por la Audiencia Nacional y una cuarta planteada por el Juzgado Penal 3 de Vilanova i la Geltrú.

Hasta tanto no se resuelvan estas cuestiones y con ello, la aplicación de la amnistía a los principales dirigentes políticos del procés, no podremos considerar cerrado este capítulo de desencuentros entre Cataluña y España.

3.   LA FRAGILIDAD DEL GOBIERNO DE COALICIÓN

3.1.   *Una geometría cada vez más variable en el Congreso de los Diputados*

La mayoría de la investidura, bastante ajustada (179 votos a favor frente a 171 en contra) sufriría un primer golpe con la salida de los cinco diputados de Podemos del Grupo Parlamentario de Sumar, el 5 de diciembre de 2023, pocos meses después de la investidura, dejando a la coalición de gobierno muy tocada. Recordemos cómo el Partido Socialista contaba con 121 escaños y Sumar con 31. Juntos alcanzaban los 152 escaños, por debajo de los 171 escaños del bloque conservador (137 del Grupo Parlamentario Popular más los 33 de Vox y uno de Unión del Pueblo Navarro). La deserción de los cinco miembros de Podemos, dejaba el apoyo de las fuerzas en el gobierno reducida a 147 escaños.

A finales de enero de 2024, la dimisión de una de las diputadas de Podemos devolvía un escaño a Sumar, quedando en 27 y llevando el apoyo con que contaban las dos fuerzas en el gobierno a 148. Sin embargo, los sobresaltos no acaban aquí y en julio de 2025, una diputada de Compromís abandona el Grupo Parlamentario de Sumar para pasar al Grupo Mixto.

Por su parte, el 27 de febrero de 2024, era el Partido Socialista el que perdía un diputado, el que había sido ministro José Luis Ábalos y secretario de Organización del PSOE, debido a las investigaciones relacionadas con el caso Koldo y que, pasado el tiempo, acabarían implicando a su sucesor al frente de las tareas de organización del partido, Santos Cerdán. En este último caso, la renuncia al acta del diputado impidió la pérdida de un nuevo escaño por parte del grupo socialista.

La falta de correspondencia entre la mayoría de investidura y la mayoría de gobierno, una vez más, obliga al Ejecutivo a hacer auténticos malabarismos para sacar adelante sus medidas. De hecho, ni en 2023 ni en 2024, ni en 2025 el Gobierno cumple con la obligación constitucional de presentar el proyecto de presupuestos antes del 1 de octubre, como manda la Constitución. En 2023 podría considerarse normal porque la investidura se produce el 16 de noviembre, pasado el plazo de presentación ante la Cámara Baja. Pero, tampoco en 2024, ante la convicción de que el proyecto de Presupuestos no sería aprobado y de que difícilmente podría salvarse ese escollo políticamente, teniendo en cuenta lo asediado que se encontraba el gobierno de Sánchez.

A mediados de octubre de 2025, el proyecto de ley de presupuestos no había sido presentado aún, por lo que más que previsiblemente, los presupuestos para 2023 no solo estarán vigentes durante 2024 y 2025 sino, al menos, durante buena parte del 2026.

En lo que respecta a la actividad legislativa, no es difícil adivinar que esta legislatura no se ha caracterizado por una gran producción, dado lo complicado de armar mayorías estables. La investidura de Pedro Sánchez se produce el 16 de noviembre de 2023, por lo que no da tiempo a aprobar en ese año más que tres Decretos-Ley en el mes y algo que resta. De los tres Decretos-Ley, uno resulta derogado por falta de convalidación parlamentaria. Los otros dos serían tramitados, además, como proyectos de Ley por el procedimiento de urgencia.

Durante 2024, se aprueban siete leyes ordinarias y seis orgánicas. Entre estas últimas, dos tan importantes como la Ley Orgánica 1/2024, de 10 de junio, de amnistía para la normalización institucional, política y social en Cataluña y la Ley Orgánica 2/2024, de 1 de agosto, de representación paritaria y presencia equilibrada de mujeres y hombres. En cuanto a los Decretos-ley, se aprueban un total de 11 y dos de ellos resultan derogados. Llama la atención que la totalidad de los Decretos-ley convalidados serían tramitados como proyectos de ley por el procedimiento de urgencia. Una muestra más de los malabarismos que tiene que hacer el Gobierno para conseguir respaldo parlamentario.

2025 tampoco es un año muy profuso desde el punto de vista legislativo y hasta el día 30 de septiembre se aprueban siete leyes ordinarias, tres orgánicas y diez Decretos-Ley. De los nueve Decretos-ley tramitados íntegramente hasta la fecha, uno de ellos fue derogado y el resto, todos, tramitados como proyectos de ley por el procedimiento de urgencia.

Las derrotas parlamentarias que sufre el Gobierno y que empiezan a formar parte del escenario político español en esta legislatura, son vividas como auténticas victorias por parte de la oposición parlamentaria, que reclama la disolución de las Cámaras y la convocaría de nuevas elecciones casi desde el inicio del mandato. Entre ellas, a los dos meses de iniciada la legislatura, el 10 de enero de 2024 se deroga el Decreto-Ley sobre la reforma del subsidio de desempleo. El voto en contra de los diputados de Podemos, ya en el Grupo Mixto y la abstención de *Junts* impidieron su convalidación.

En julio de 2024, el Gobierno no consigue sacar adelante la reforma de la Ley de Extranjería y de la senda de déficit previa a los Presupuestos para 2025, por el voto en contra de *Junts*. En marzo de 2025, *Junts* vuelve a posibilitar otra sonada derrota parlamentaria, la de la Ley de creación de la Agencia Estatal de Salud Pública. Esta última sería luego aprobada por la Ley 7/2025, de 28 de julio, por la que se crea la Agencia Estatal de Salud Pública y se modifica la Ley 33/2011, de 4 de octubre, General de Salud Pública.

En septiembre de 2025 tienen lugar dos reveses muy sonados. El primero, la devolución de la proposición de ley de reducción de la jornada laboral, de Sumar, tras un debate muy crispado, con un enfrentamiento inédito hasta ahora entre el Gobierno y *Junts*. La iniciativa, que pretendía la reducción de la jornada laboral a 37,5 horas semanales, no salió adelante por los votos del PP, Vox, *Junts* y UPN, que dieron luz verde a las enmiendas a la totalidad que habían presentado los populares, Vox y los nacionalistas de *Junts*, por 178 votos frente a los 170 noes.

El segundo revés, el de la proposición de ley pactada por el Partido Socialista con *Junts* para delegar competencias migratorias a Cataluña. El motivo de la polémica, unas expresiones en la Exposición de Motivos, que algunos diputados tildaban de racistas. El resultado es que se rechaza por los votos en contra, esperados, de PP y Vox a los que habría que sumar los de Podemos, la diputada de Compromís, ya en el Grupo Mixto y un diputado de la Chunta Aragonesista, perteneciente al Grupo Plurinacional de Sumar.

Esta geometría variable convierte a los cuatro diputados de Podemos y a los siete de *Junts* en protagonistas de todas las batallas parlamentarias del gobierno y hace muy difícil la gobernabilidad por el Ejecutivo. Como ya pasara otras veces, las mayorías se conforman en base a distintos vectores pero, la radicalización de las posiciones de Podemos, muy centrado en tumbar todo lo que provenga del Gobierno, hace que ni siquiera en cuestiones sociales o que tienen que ver con la distribución territorial del poder se pueda contar con sus votos.

Por su parte *Junts* también hace valer caro su apoyo, recordando constantemente al gobierno que lo necesita en su bloque para sacar adelante cualquier iniciativa, tensionando hasta el máximo las relaciones del PSOE con otros socios parlamentarios.

Esta inestabilidad se refleja también en la función de control de la acción del gobierno, con la reprobación de varios miembros del Ejecutivo.

Así, el 29 de febrero de 2024 se produce la reprobación del ministro del Interior, Grande-Marlaska, por la muerte de dos guardias civiles tras la embestida de una narcolancha en Barbate, Cádiz, el 9 de febrero de ese año. La Cámara Baja pidió su cese con el apoyo del PP, Vox, UPN y las abstenciones claves de *Junts*, Podemos y Coalición Canaria.

También triunfó en abril de 2024 una moción pidiendo la depuración de responsabilidades a raíz del caso Koldo, que involucraba al ex ministro José Luis Ábalos. Salió adelante gracias a la abstención de ERC y *Junts*.

El ministro de Transportes y Movilidad Sostenible sería objeto de dos reprobaciones en el Congreso. La primera, en octubre de 2024, por «el caos en el servicio ferroviario». Salió adelante con 186 votos a favor, 156 en contra y tres abstenciones. La moción, presentada por el PP fue apoyada por ERC y *Junts Per Catalunya*. La segunda, en mayo de 2025, por la atención que recibieron los ciudadanos en las estaciones de tren el 28 de abril anterior, durante el apagón eléctrico en la Península y el 5 de mayo, por los retrasos y la parada de convoyes a consecuencia del robo de cable en la línea de alta velocidad Madrid-Andalucía. La reprobación, a iniciativa del PP, sumó 170 votos a favor, 163 en contra y 13 abstenciones.

La última reprobación aprobada en el Congreso fue la de la ministra de Igualdad, Ana Redondo, por la polémica surgida en torno al mal funcionamiento de las pulseras telemáticas antimaltrato, que habría dejado a mujeres víctimas de violencia machista desprotegidas frente a sus agresores. La votación salió adelante gracias a la abstención de *Junts*, Esquerra, Coalición Canaria y BNG.

3.2. *Un Senado abrumadoramente popular*

Como ya sucediera en otras legislaturas, la mayoría relativa del Grupo Parlamentario Popular en el Congreso se convierte en una contundente mayoría absoluta en el Senado, gracias al sistema electoral por un lado y al dominio de los populares en la mayoría de las Comunidades Autónomas por otro, lo que influye en los senadores de designación autonómica. Y así, el Partido Popular cuenta con 144 escaños de 264. De ellos, 120 de elección directa y 24 elegidos por los Parlamentos autonómicos.

Esta mayoría convierte al Senado en una Cámara especialmente hostil para el Gobierno, que ve como prosperan todas las iniciativas de los populares. Entre ellas, una reforma del Reglamento del Senado para obligar a acudir al presidente del Gobierno para someterse a las preguntas de la oposición, entre otras cuestiones, y la reprobación de varios ministros e incluso del fiscal general del Estado. También se ha notado en la creación de cuatro Comisiones de Investigación: sobre la gestión del presidente del Centro de Investigaciones Sociológicas, sobre el apagón de 28 de abril de 2025, sobre la DANA y sobre la trama articulada en torno al caso Koldo.

Ya vimos cómo al inicio de la legislatura se modificaba el Reglamento para retrasar la tramitación de la Ley de Amnistía, en una reforma declarada inconstitucional por la STC 63/2025, de 12 de marzo. En la misma, la Mesa del Senado se arrogaba la facultad constitucional de decidir sobre la tramitación urgente de proposiciones de ley así declaradas por el Congreso de los Diputados o el Gobierno, dejando limitada la facultad gubernamental al caso de los proyectos de Ley. El Tribunal Constitucional consideró que: «El art. 133.2 RS, en la redacción dada por la reforma aprobada por el Pleno del Senado en sesión de 14 de noviembre de 2023, en cuanto confiere con carácter exclusivo a la mesa de la Cámara la facultad de decidir la aplicación del procedimiento de urgencia de las proposiciones de ley para su tramitación en dicha Cámara vulnera el art. 90.3 CE, que atribuye al Gobierno y al Congreso de los Diputados, con los efectos que anuda a su tramitación en el Senado, la declaración de urgencia de los «proyectos», expresión esta que, con base en los razonamientos expuestos, ha de entenderse que comprende tanto los proyectos de ley como las proposiciones de ley».

No es esta la única reforma auspiciada por una mayoría absoluta del Partido Popular que usa la Cámara Alta como caja de resonancia de su labor de oposición al Gobierno. Y en esta línea, se aprueba una modificación que pretende obligar al presidente del Gobierno a comparecer en el Senado al menos una vez al mes. Más allá del propósito loable de reforzar el control parlamentario del gobierno en una Cámara en la que esa fiscalización se produce en mucha menor intensidad, dado que no es la encargada de investir al titular de la presidencia y, en consecuencia, de removerlo vía moción de censura, la reforma tenía un interés partidista evidente.

Y en esta línea, se procede a modificar el art. 164 que queda como sigue: «El presidente del Gobierno responderá preguntas en el Pleno de la Cámara al menos una vez al mes durante los periodos ordinarios de sesiones, salvo que motivos justificados, notificados a la Cámara, se lo impidan». A pesar de la modificación, el presidente del Gobierno no acude con regularidad al Senado, desarrollándose el grueso del control parlamentario en el Congreso de los Diputados. Así lleva denunciándolo el Partido Popular, que ha visto como la reforma del Reglamento del Senado en sí no ha propiciado esa presencia mensual del presidente del gobierno.

En cuanto a la actividad de control en sí, en esta Legislatura cinco ministros han sido reprobados en el Senado. El primero, Grande-Marlaska, ministro del Interior, en febrero de 2024, a raíz de la muerte de dos guardias civiles en Barbate, arrollados por una narcolancha.

El segundo, Félix Bolaños, ministro de Presidencia, Justicia y Relaciones con las Cortes, en abril de 2024, por unas declaraciones en las que limitaba el papel del Senado a su carácter de cámara territorial.

En dos ocasiones lo ha sido Óscar Puente. La primera en septiembre de 2024, por su «manifiesta incompetencia en el desempeño de su labor al frente del Ministerio». La segunda, en septiembre de 2025, por las incidencias del sistema ferroviario.

En octubre de 2024, la reprobación recae en José Manuel Albares, ministro de Asuntos Exteriores, Unión Europea y Cooperación, reprobación basada en acusaciones genéricas de mala gestión, sin que se atribuyera a ningún incidente concreto.

La última, María Jesús Montero, vicepresidenta Primera y ministra de Hacienda, en mayo de 2025, por cuestiones también genéricas como la no aprobación de los presupuestos en los dos últimos años, el sistema de financiación autonómica, etcétera.

También el fiscal general del Estado se ha visto reprobado por el Senado, en mayo de 2024, dentro de la campaña orquestada contra esta alta institución por parte de la derecha política y judicial española.

4. El cerco judicial al presidente del gobierno

Prácticamente desde el inicio de la legislatura, dos casos, aparentemente poco consistentes, habrían sacudido la opinión pública por afectar al entorno más directo del presidente Sánchez. Por un lado, el proceso judicial abierto contra su mujer, Begoña Gómez; por otro, contra su hermano.

En este último caso, la causa radica en la investigación por posibles irregularidades en su contratación por la Diputación de Badajoz como coordinador de actividades culturales, impulsada por la denuncia presentada por el pseudo-sindicato Manos Limpias en junio de 2023. Llama la atención el hecho de que la adjudicación de la plaza se produjo siete años antes de la denuncia, sin que ninguno de los otros once aspirantes hubiera recurrido la adjudicación a David Sánchez. Y que, durante esos años, había venido ocupando la plaza con absoluta normalidad.

Una vez terminada la instrucción, el caso se encuentra en fase de juicio oral y podría suponer hasta tres años de privación de libertad para el hermano del presidente. Pero, más allá de que el asunto se concrete o no en una condena por los delitos imputados, no deja de ser un caso que no afectaría al presidente del Gobierno ni a ninguno de los miembros del Ejecutivo. Y que se trataría de un concurso para la adjudicación de una plaza que en su día no fue recurrida por ninguno de los participantes, en una Comunidad Autónoma en la que nada tiene que ver el presidente del Gobierno.

Más complejo, por inconsistente y errático desde el punto de vista judicial, se presenta el caso iniciado por Manos Limpias contra Begoña Gómez, la mujer del presidente, por sus actividades académicas en el marco de una Cátedra en la Universidad Complutense de Madrid. Esta investigación se presenta inicialmente por su supuesta influencia en el rescate de Air Europa, ya descartado y por la firma de una carta de interés presentada en un concurso público por un empresario.

La admisión a trámite de la denuncia el 24 de abril, lleva al presidente del Gobierno a iniciar un período de reflexión de cinco días en los que canceló toda su agenda pública y se centró en reflexionar sobre si seguir o no al frente del gobierno, anunciado en una carta pública que dejó al país pendiente de su posible dimisión. Al término del plazo, el presidente del Gobierno anuncia, en una comparecencia en Moncloa su intención de seguir al frente del Ejecutivo «con más fuerza, si cabe». La instrucción, muy errática y plagada de decisiones más que cuestionables continua adelante gracias al aval que tres miembros de la Audiencia Provincial de Madrid, están dando a las actuaciones judiciales más que disparatadas del juez instructor del caso, el juez Peinado.

Un capítulo aparte merece el caso contra el Fiscal general del Estado por un delito de revelación de secretos. El asunto guarda relación con la investigación de dos delitos fiscales cometidos por la pareja sentimental de la presidenta de la Comunidad de Madrid, Isabel Díaz Ayuso, delitos que el autor había confesado en una solicitud de conformidad dirigida a la Fiscalía con la que pretendía evitar la entrada en prisión.

El asunto, sin nada de particular más que la relación sentimental del autor con la presidenta de la Comunidad de

Madrid, salta a los medios cuando el jefe de Gabinete de Isabel Díaz Ayuso, Miguel Ángel Rodríguez lanza un bulo diciendo que era la Fiscalía la que había solicitado la conformidad (no al revés) y que el asunto se había «parado» desde arriba, insinuando presiones del fiscal general del Estado.

Ante estos hechos, la Fiscalía emite un comunicado aclarando los términos del asunto y es a partir de ese momento en el que se inicia un proceso contra los fiscales concernidos y el mismo fiscal general del Estado por revelación de secretos.

La causa, que lleva a registrar la sede de la Fiscalía y a incautar todos los aparatos electrónicos del fiscal general del Estado, ha sido calificado de *Lawfare* por numerosos juristas y aún no sabemos cómo terminará. De momento, con la apertura de juicio oral contra el fiscal general, en contra de las declaraciones de periodistas que habían reconocido el acceso a la información sobre el asunto fiscal antes de que tuviera conocimiento el mismo fiscal general, exculpándolo.

5. Un mundo cambiante. Un mundo en crisis

Como ya vimos, la invasión rusa de Ucrania en 2022, después de ocho años de conflictos abiertos en Ucrania tras el movimiento Maidan, la secesión del Donbass y la anexión rusa de Crimea, volvió a abrir el escenario de un conflicto militar potencialmente debastador para Europa. En un momento en el que la recuperación de la Gran Recesión de 2007-2008, la crisis del COVID y una crisis del coste de la vida ponían en cuestión las políticas económicas de austeridad y se acentuaban las tensiones geopolíticas entre las grandes potencias, sin que la UE estuviera preparada para poder defender sus intereses en un marco de una «autonomía estratégica».

En octubre de 2023, pocos meses después de que la Legislatura echara a andar, una ofensiva israelí en Gaza en respuesta a unos ataques de Hamás, resultan la excusa perfecta para el intento de exterminio de la población gazatí, convirtiendo la respuesta en un genocidio en toda regla que ha se ha cobrado ya la vida de más de 60 000 personas. La respuesta a los crímenes de Israel ha sido titubeante por parte de la Unión Europea ante el creciente malestar de la población, que se manifiesta cada vez más en contra de Israel pidiendo que pare la masacre.

Pero sin duda, el elemento que vendría a provocar un auténtico seísmo en la política internacional es la llegada de Donald Trump a la Casablanca por segunda vez, el 20 de enero de 2025. Su visión del mundo, marcada por el lema *America First*, relega la cooperación multilateral y privilegia los acuerdos bilaterales, concebidos más como transacciones comerciales que como alianzas estratégicas. Esto debilita organismos como la OTAN, la ONU o la Organización Mundial del Comercio, que pierden peso justo cuando los grandes desafíos globales —el cambio climático, las migraciones, la inteligencia artificial o la seguridad energética— exigen respuestas conjuntas.

En el terreno económico, el regreso de Trump ha supuesto la vuelta del proteccionismo, con la imposición de aranceles a gran escala, tensionando la economía internacional. Sectores españoles como el agroalimentario, el automovilístico o el farmacéutico, con una presencia notable en Estados Unidos, son especialmente vulnerables. El resultado es un clima de incertidumbre que frena inversiones, encarece productos y alimenta la inflación global.

Pero quizá el impacto más profundo de Trump se percibe en el plano ideológico. Su estilo confrontativo, populista y polarizador refuerza movimientos nacionalistas y de ultraderecha en todo el mundo, erosionando consensos democráticos y debilitando la confianza en las instituciones. A esto se suma su escepticismo frente a los acuerdos climáticos y su visión restrictiva en derechos humanos y migración, que marcan un retroceso en áreas en las que la comunidad internacional había logrado avances significativos.

En este contexto, en el que se plantea por parte de Donald Trump la necesidad de subir considerablemente la aportación de los países a la OTAN, el presidente del Gobierno lidera el rechazo al chantaje al que el presidente norteamericano pretendía someter a todos los países de la Alianza Atlántica.

Reseñable resulta también la posición española con respecto a lo que está sucediendo en Gaza. Así, tras reconocer al Estado palestino en mayo de 2024, el gobierno español es uno de los primeros en decir abiertamente que lo que está perpetrando Israel es un genocidio contra la población palestina.

Qué duda cabe de que un escenario internacional tan convulso impacta de lleno en la política nacional, contribuyendo a la polarización social y política y haciendo en consecuencia más difícil la gobernabilidad.

Capítulo VII

A MODO DE REFLEXIÓN.
LA *DESPARLAMENTARIZACIÓN*
DEL SISTEMA POLÍTICO ESPAÑOL

Que el sistema parlamentario de gobierno otorga la centralidad al Parlamento como único órgano de representación directa de la ciudadanía es algo más que sabido. También lo es que, desde un punto de vista político esa centralidad recae en el Ejecutivo que tiene atribuida la dirección de la política interior y exterior, en un sentido amplio. Pero el Parlamento es el órgano por el que forzosamente tienen que pasar las decisiones más importantes para convertir la voluntad política del Ejecutivo en hechos; sus decisiones, en Derecho.

Que nuestro sistema de partidos, fuertemente jerarquizado, coloca al grupo parlamentario mayoritario en una posición subalterna del gobierno al que sustenta, no es ninguna novedad. Que eso en la práctica supone que el eje parlamento-gobierno se articula en torno al gobierno y su mayoría parlamentaria-minorías tampoco.

Quizá la novedad estribe en el efecto que el sistema de partidos español ha provocado sobre el peso relativo del Parlamento. Ciertamente, más allá de esa articulación en torno a dos ejes, el sistema político español ha sufrido un desplazamiento continuo del peso de las decisiones, no tanto del Parlamento hacia el Ejecutivo, que también, sino de las instituciones hacia los partidos entendiendo por partidos, sus cúpulas.

Este hecho, que no venía pasando desapercibido, se muestra con toda crudeza a partir de 2015, con la irrupción de nuevos partidos que no solo alteran el mapa institucional a todos los niveles de gobierno, sino que además proponen nuevas formas de relacionarse con la militancia y el electorado. Partidos como Podemos, en su nacimiento, cambian el concepto de militante por el de inscrito, imponen las primarias, que son abiertas, la limitación salarial de sus cargos públicos, vinculada al Salario Mínimo Interprofesional, limitación de mandatos, etc. Y colocan en el centro del debate cuestiones que hasta la fecha solo habían aparecido de manera tangencial al margen de las instituciones, llevándolas a las mismas y provocando un efecto contagio en algunos de los partidos en cuestiones como las primarias, impropias de nuestra tradición.

En un primer momento, el sistema parlamentario español no parece preparado para funcionar en un escenario multipartido, con nuevas fuerzas pujantes, que amenazan la pervivencia del bipartidismo que nos había acompañado desde la aprobación de la Constitución, impugnando todo el sistema y reivindicando el papel central de las instituciones democráticas. Y por primera vez surgen problemas para lograr la investidura de la presidencia del gobierno. Y los Presupuestos ya no parecen tan necesarios para gobernar y las leyes dejan paso a los Decretos-ley, que no solo compiten con las primeras, sino que durante algún período incluso las sustituyen, ante la imposibilidad del Parlamento para aprobar leyes parlamentarias.

Y de esta manera, nos encontramos con dificultades para armar mayorías en el Congreso, hasta el punto de que se suceden dos repeticiones electorales en tan solo cuatro años. Y que los partidos mayoritarios no siempre hacen todo lo posible por evitar esa situación, en un trasvase de la decisión del Congreso a los partidos. Así, hemos visto a candidatos que renunciaban a presentarse a la investidura, como hizo Mariano Rajoy o que dejaban pasar el plazo previsto en el art. 99.5 CE lánguidamente, sin apenas nuevos intentos, esperando quizá que la ciudadanía votara mejor en la siguiente cita electoral. Mejor, en función de sus intereses partidistas, claro. Y mostrando un profundo desprecio por el papel central del Congreso como representante de la ciudadanía.

Asimismo, el recurso al Decreto-ley como forma habitual de actualización de la voluntad constituyente, sumado a la inactividad del Parlamento legislador durante años puso en riesgo la actualización necesaria del ordenamiento jurídico, con el peligro que supone la falta de adaptación a la realidad que tenía que normar. Es cierto que el Derecho suele ir por detrás de la sociedad, que avanza a un ritmo más rápido, pero el ordenamiento jurídico necesariamente tiene que adaptarse a las nuevas realidades. Un ordenamiento jurídico que no se actualiza conforme la sociedad lo va necesitando es un ordenamiento condenado a perder su vigencia por falta de aplicación. Cuando eso sucede, los riesgos de inoperatividad de ese Derecho son muchos. Y esos riesgos lo son para el Estado de Derecho que sustenta nuestro edificio constitucional.

Por otro lado, también hemos visto funcionar al sistema parlamentario en estado puro, con una moción de censura que ha permitido que, durante una misma legislatura, contáramos con dos presidencias de partidos distintos y enfrentados electoralmente. Una pandemia resuelta con un elevado grado de actividad institucional, basada en un buen número de Decretos-ley con sus correspondientes convalidaciones y un resurgir del Parlamento en la segunda parte de la XIV Legislatura, con una actividad legislativa inusitada.

Pero, ¿cómo se llega hasta aquí? ¿Qué ha pasado para que un sistema parlamentario racionalizado —quizá en exceso— pensado para fortalecer y dar estabilidad al Ejecutivo haya acabado provocando como efecto secundario la *desparlamentarización* del sistema? Seguramente los factores sean muchos y variados, aunque creo que cobra una relevancia fundamental la actitud de parte de nuestra clase dirigente, que ha ido vaciando de competencias al Parlamento como órgano de representación de la soberanía popular, a base de soslayar su criterio siempre que ha sido posible. Las actitudes mostradas en los procesos de investidura por una parte, en los que se da por sentado el papel de mero actor del Parlamento para escenificar acuerdos adoptados fuera; el práctico abandono de la ley parlamentaria durante largos períodos como instrumento para actualizar la voluntad constituyente; el recurso a cuentas prorrogadas en los últimos años y la banalización de la función de control parlamentario, esencial en un sistema en el que, recordemos, es el Parlamento el que sustenta al gobierno, así parecen evidenciarlo.

Las dificultades para renovar órganos constitucionales como el Consejo General del Poder Judicial también demuestran la irrelevancia de las Cortes Generales, cuyos diputados se encuentran al servicio de sus partidos, convertidos en los señores indiscutibles de nuestro sistema.

Las mesas de las Cámaras han perdido parte del carácter institucional que tenían para servir a los intereses de sus grupos, marcados por los partidos. De ahí situaciones como el veto presupuestario de la legislatura Rajoy o la obstaculización de la tramitación parlamentaria de leyes que provenían de partidos diferentes.

En definitiva, los intentos del constituyente español, preocupado por la falta de fortaleza de nuestros partidos políticos y las medidas adoptadas entonces para combatirla, han resultado exitosas hasta el punto de que han convertido a los miembros de las Cortes Generales en meros instrumentos en manos de sus partidos. El poder enorme del partido a la hora de elaborar las listas, que son cerradas y bloqueadas, hace impensable la acción de un diputado o diputada al margen de las directrices de su grupo, que siempre responde ante el partido político.

La opción por las listas cerradas y bloqueadas hace descansar todo el poder en las cúpulas de los partidos que controlan no solo quién concurrirá a las elecciones sino el orden en el que lo hará. Asimismo, el partido decide la composición de la dirección del grupo parlamentario, así como las posibles portavocías que cada uno de sus miembros podrá ocupar. Y administra una parte importante, por no decir toda la subvención del Grupo Parlamentario, disponiendo su destino en los márgenes que permite la Ley Orgánica 8/2007, de 4 de julio, sobre Financiación de Partidos Políticos, que son bastante amplios. El control es tal que hay partidos en los que, incluso, las cantidades abonadas por la Cámara se ingresan directamente en una cuenta propia del partido, que luego traspasa al parlamentario lo que considera conveniente después de detraer una cantidad conforme a unas reglas ya establecidas.

Por si ello fuera poco, la III Adenda al Pacto Antitransfuguismo, aprobada en sesión de 11 de noviembre de 2020, permite incrementar notablemente el control de los partidos sobre sus representantes, dando un nuevo contenido al concepto de *tránsfuga* [1], justificando así la expulsión del

---

[1] PRIMERO. - A los efectos del presente Acuerdo, se entiende por tránsfugas a los y las representantes locales, autonómicos y estatales que, traicionando al sujeto electoral político (partidos políticos, coaliciones o agrupaciones de electores) que los y las presentó a las correspondientes elecciones, abandonan el mismo, son expulsados o se apartan del criterio fijado por sus órganos competentes.

Se considerará tránsfuga asimismo la persona electa por una candidatura promovida por una coalición, si abandona, se separa de la disciplina o es expulsada del partido político coaligado que propuso su incorporación en la candidatura, aunque recale en otro partido o espacio de la coalición, sin el consentimiento o tolerancia del partido que originariamente lo propuso.

Cuando surgiesen dudas sobre qué personas han incurrido en transfuguismo, será el sujeto político que los ha presentado y/o el partido que los y las propuso para el supuesto del párrafo anterior quien aclarará por escrito quiénes han abandonado la formación, han sido expulsados o se han apartado de su disciplina, a efectos de su calificación como tránsfugas.

Grupo Parlamentario por un amplio elenco de razones y, lo que es más peligroso aun, tratando de minimizar el efecto que sobre el Grupo pueda tener la pérdida de miembros.

En lo que respecta a la consideración de persona tránsfuga, el Acuerdo Primero incluye en este concepto, además de a la persona que abandone la formación política o sea expulsado, a la que se aparte del criterio del partido. No se aclara qué es eso de apartarse del criterio del partido, ni cuántas veces deben darse discrepancias que se reflejen en el sentido del voto, por ejemplo. La ambigüedad, sin duda deliberada, puede provocar dudas que resolverá, según la propia letra del pacto, la formación política. Asimismo, se establece que el grupo de procedencia de las personas tránsfugas no podrá ver mermada su representatividad en Comisiones: «El grupo político que sufre merma por la acción del tránsfuga no deberá ver reducida su participación en las mismas, sin que, como en el apartado anterior, implique vulneración alguna de los derechos individuales de la persona tránsfuga, que mantendrá los derechos de participación establecidos en los reglamentos de la institución interpretados conforme a los criterios jurisprudenciales de aplicación en cada ámbito institucional y el presente pacto»[2]. De esta manera, la existencia de tránsfugas no debe minorar la representación del Grupo Parlamentario en las Comisiones ni, y esto es muy relevante, en la asignación de medios materiales ni económicos que reciba para su funcionamiento[3].

Las medidas previstas en este Acuerdo con respecto a los tránsfugas serán igualmente de aplicación a aquellos miembros de las entidades locales que se beneficien de su conducta.

[2] Acuerdo Segundo.

[3] «En cuanto a las asignaciones, medios económicos y materiales que se conceden a los grupos políticos, en modo alguno son reconocibles en favor de la persona no adscrita; toda asignación por concepto de grupo político no es aplicable bajo ningún concepto a la persona tránsfuga no adscrita, ni en su importe fijo, ni en su componente variable por razón del número de personas electas. Asimismo, el grupo político perjudicado o disminuido en su composición no deberá sufrir merma institucional alguna en los medios y asignacio-

Ciertamente y hasta la aprobación de esa Adenda, cuando un Grupo Parlamentario veía minorada su composición, se ajustaba tanto la subvención en la parte que se concede atendiendo al número de miembros, como su participación en los órganos de la Cámara si la disminución llegara a alterar la proporcionalidad. De esta manera, había un cierto equilibrio de fuerzas entre la capacidad de los partidos políticos de decidir y, en consecuencia de los Grupos de expulsar a los miembros que consideraran y los efectos que cabía esperar de esa expulsión, que podían ser altamente negativos para el Grupo. Esto redundaba en beneficio del Parlamento dado que los representantes parlamentarios no era meros brazos de madera en manos de sus partidos, sino que estos tenían que tratar con respeto la posición de sus miembros. Y esto beneficiaba, sin duda, al Parlamento como órgano deliberativo donde reside la soberanía popular.

El Pacto ya ha provocado la primera reforma de un Reglamento Parlamentario, el andaluz, que asume buena parte de unas medidas que abundan en la pérdida de relevancia de los parlamentarios a favor de sus partidos hasta límites insospechados. De esta manera, si llegara a generalizarse ese modo de proceder, el control de los partidos sobre sus representantes ya sería absoluto, dado que no tendrían que padecer las consecuencias derivadas de la expulsión de sus respectivos Grupos, en cuanto a pérdida de subvención o de representatividad en los diferentes órganos parlamentarios. Recordemos que, en la III Addenda al Pacto Antitransfuguismo, los partidos se comprometen a no recortar los medios económicos y materiales con que cuentan los Grupos, como consecuencia de la reducción en su composición por la expulsión de los supuestos tránsfugas. Si la propuesta aprobada en el Parlamento andaluz se generaliza, ni siquiera sufrirían la pérdida de voto de los tránsfugas. Una carta blanca para que los partidos de-

---

nes económicas y administrativas que como tal grupo le correspondiesen con anterioridad».

cidan con absoluta libertad y sin ninguna consecuencia negativa, la expulsión de sus miembros más díscolos.

Todo esto refuerza el control del partido sobre sus representantes parlamentarios que hoy en día tienen que acomodar sus posiciones a las decididas por el partido fuera de las instituciones. Ello ha contribuido a la fortaleza de nuestros partidos, hasta el punto de que, en la práctica, el partido o partidos que gobiernan sitúan a sus cúpulas al frente del Ejecutivo, colocando paradójicamente a su grupo parlamentario en una posición de subalternidad. De esta manera, la dialéctica propia del sistema parlamentario entre Parlamento y Gobierno se traduce en una contraposición mayoría-minorías, no solo por las dinámicas propias del sistema parlamentario, sino además por las propias del funcionamiento de partidos políticos fuertemente jerarquizados. Lo que sucede es que del lado del eje gobierno-mayoría parlamentaria, es el primero el que decide y no el segundo. Esto, unido a la falta de democracia interna en la mayoría de los partidos, deja al parlamentario absolutamente a merced de su formación política, con la pérdida de protagonismo en la toma de decisiones. Esto afecta de manera directa a la posición del Parlamento, compuesta por diputados que rara vez pueden tomar una decisión de modo reflexivo a consecuencia de los debates que se desarrollen el mismo. La decisión se toma fuera, antes y en base a cálculos electorales en muchas ocasiones, sin que los debates que tienen lugar en sede parlamentaria tengan ninguna posibilidad de alterar la decisión fijada de antemano. A mi juicio, esto es lo que ha relegado al Parlamento a la posición subalterna más propia de un actor secundario que del representante directo de la ciudadanía española.

Bibliografía

ALZAGA VILLAAMIL, O. (1989), «I rapporti tra Capo dello Stato, Governo e Parlamento», en Giancarlo ROLLA (ed.): *Il X anniversario della Constituzione spagnola: bilancio, problemi, prospettive*, Siena, Centro Stampa della Facoltà di Scienze Economiche e Bancarie.

ARANDA ÁLVAREZ, E. (2023), «Encuesta sobre nuevas dinámicas en la forma de gobierno», *Teoría y Realidad Constitucional*, 52, pp. 15-94.

—, (2019), «El sistema parlamentario de la Constitución Española de 1978», *Cuarenta años de Constitución*, *http://idpbarcelona.net/sistema-parlamentario-la-constitucion-espanola-1978/2019*, 4 de febrero.

ARAGÓN REYES, M. (2007), «La organización institucional de las Comunidades Autónomas», *Revista Española de Derecho Constitucional*, 79.

BELDA, E. (2018), «Investidura del presidente del Gobierno y función ordenadora de la Presidencia del Congreso», *Revista General de Derecho Constitucional*, 27, 2018.

BLANCO VALDÉS, R. (2017), «El año en que vivimos peligrosamente: del bipartidismo imperfecto a la perfecta ingobernabilidad», *Revista Española de Derecho Constitucional*, 109.

CARMONA CONTRERAS, A. (2023), «Encuesta sobre nuevas dinámicas en la forma de gobierno», *Teoría y Realidad Constitucional*, 52, pp. 15-94.

— (2019), «Decretos-Leyes: el medio y los fines», *Agenda Pública*, 8 de marzo.

— (1997), *La configuración constitucional del Decreto-Ley*, Madrid, Centro de Estudios Políticos y Constitucionales.

CASTELLÁ ANDREU. J.M. (2012), «Sistema parlamentario y régimen electoral en España: similitudes y diferencias entre la forma de gobierno en el Estado y las comunidades autónomas», *Cuestiones Constitucionales*, 27.

DE LA PEÑA RODRÍGUEZ, L. (1998), «El control parlamentario del Gobierno en funciones a la luz de la Constitución», en Pau i Vall (coord.), *Parlamento y control del Gobierno*, Aranzadi, Pamplona.

DE MATEO Y DE CABO, O. (2017), «La elección parlamentaria del presidente del Gobierno en España: análisis normativo, estabilidad institucional y propuesta de reforma del artículo 99.5 de la Constitución española», *Revista Española de Derecho Constitucional*, 111, pp. 155-184.

FERNÁNDEZ SARASOLA, I. (2004), «Los conceptos de Cortes y parlamentarismo en la España del siglo XX», *Revista de las Cortes Generales*, 62, pp. 141-178.

FERNÁNDEZ-MIRANDA CAMPOAMOR, A. (2020), «Sobre la forma de gobierno: ¿un exceso de racionalización?», en García Roca, F.J. y Alberti Rovira, E. (coords), *Treinta años de Constitución*, Tirant lo Blanch.

GAMBINO, S. (2020), «Sistema electoral y forma de gobierno en España: un éxito del parlamentarismo racionalizado», en García Roca, F.J. y Alberti Rovira, E. (coords), *Treinta años de Constitución*, Tirant lo Blanch.

GARCÍA DE ENTERRÍA RAMOS, A.; NAVARRO MEJÍA, I (2020), «La actuación de las Cortes Generales durante el estado de alarma para la gestión de la crisis del COVID-19», *Revista de las Cortes Generales*, 2020, 108, pp. 245-288.

GARCÍA-ESCUDERO, P. (2023), «Encuesta sobre nuevas dinámicas en la forma de gobierno», *Teoría y Realidad Constitucional*, 52, pp. 15-94.

GIMENEZ GLUCK, D. (2019), *El gobierno hiperminoritario (y su relación con el Parlamento)*, Tirant lo Blanch.

GÓMEZ CORONA, E. (2021), «La desparlamentarización del sistema político español. De parlamentarismo excesivamente racionalizado a un Parlamento diluido», *Revista de Derecho Político*, 111, pp. 109-136.

—, (2018), «Las potestades financieras de las Cortes Generales: del uso al abuso del veto presupuestario sobre las enmiendas con repercusiones presupuestarias», *Revista General de Derecho Constitucional*, 28.

—, (2016), «Las limitaciones del Parlamento recién constituido durante la prorrogatio gubernamental», *Revista de Derecho Político*, 96, pp. 149-180.

—, (2008), *Las Cortes Generales en la jurisprudencia del Tribunal Constitucional*, Congreso de los Diputados.

GÓMEZ LUGO, Y. (2022), «Efectos de la fragmentación del Congreso en la función legislativa», *Revista Española de Derecho Constitucional*, 126, pp. 155-187.

—, (2021), «Las funciones parlamentarias en un escenario fragmentado», en Gutiérrez Gutiérrez, I. y Salvador Martínez, M. (eds.), *División de poderes en el estado de partidos*, Marcial Pons.

GUILLÉN LÓPEZ, E. (2023), «Encuesta sobre nuevas dinámicas en la forma de gobierno», *Teoría y Realidad Constitucional*, 52, pp. 15-94.

HERRÁIZ SERRANO, O. (2011), «Teoría y práctica del Decreto-ley autonómico tras su incorporación al sistema de fuentes en algunas Comunidades», *Corts. Revista de Derecho Parlamentario*, 25.

LOEWENSTEIN, K. (1978), *Teoría de la Constitución*, Ariel, 1978, p. 117.

MATEOS Y DE CABO, O. (2017), «La elección parlamentaria del presidente del Gobierno en España: análisis normativo, estabilidad institucional y propuesta de reforma del artículo 99.5 de la Constitución Española», *Revista Española de Derecho Constitucional*, 111.

MORALES ARROYO, J.M. (2024), «Parlamento fragmentado y su incidencia en la confianza Congreso-Gobierno: Investidura y Censura», en *II Jornadas Parlamentarias: El Parlamento fragmentado y la forma de gobierno*, Congreso de los Diputados, pp. 187-221.

PANIAGUA SOTO, J.L., (2020), «Sobre la forma de gobierno parlamentario en España: un parlamentarismo racionalizado de corte presidencial», en *Seminario Internacional sobre el parlamentarismo europeo y el presidencialismo norteamericano cara a cara*, Fundación Manuel Giménez Abad de Estudios Parlamentarios y del Estado Autonómico.

PRESNO LINERA, M.Á. (2021), «El estado de alarma en crisis», *Revista de las Cortes Generales*, 111, pp. 129-180.

—, (2015), «Régimen Electoral (Maquiavélico) y sistema de partidos (con sesgo mayoritario)», *Revista Española de Derecho Constitucional*, 35, pp. 13-48.

RIDAO MARTÍN, J. (2023), «Encuesta sobre nuevas dinámicas en la forma de gobierno», *Teoría y Realidad Constitucional*, 52, pp. 15-94.

—, (2018), «La aplicación del artículo 155 de la Constitución a Cataluña», *Revista Vasca de Administración Pública*, 111, pp. 169-203.

RODRÍGUEZ BEREIJO, A. (1968), «La limitación de la iniciativa parlamentaria en materia presupuestaria en el Derecho positivo español», *Revista de la Facultad de Derecho de la Universidad de Madrid*, 33.

RUBIO LLORENTE, F. (1997), «El control parlamentario», en *La forma del Poder*, Centro de Estudios Políticos y Constitucionales, 2.ª ed.

RUIZ ROBLEDO, A. (2023), «El parlamentarismo difuminado español comparado con los modelos de parlamentarismo racionalizado», *Revista de las Cortes Generales*, 115, pp. 63-88.

—, (2020), «Contra el poder de disolución», *La mirada de Argos. Pequeño Tratado Constitucional de Política Española*, Reus Editorial.

SEIJAS VILLADANGOS, M.E. (2023), «Encuesta sobre nuevas dinámicas en la forma de gobierno», *Teoría y Realidad Constitucional*, 52, pp. 15-94.

TUDELA ARANDA. J. (2020), «Parlamento y crisis sanitaria. Reflexiones preliminares», *Revista Cuadernos Manuel Giménez Abad*, 8, 2020, p. 7.

COLECCIÓN
DEBATES CONSTITUCIONALES

Distribución y delimitación de competencias, Antonio Arroyo Gil.

El gobierno local en España, Mayte Salvador Crespo.

Repensando la forma de gobierno. Constitucionalismo, democracia y parlamentarismo en contextos posnacionales, Enrique Guillén López.

Desafíos de la monarquía parlamentaria, Asunción de la Iglesia Chamarro.

El sistema electoral español. Memoria, balance y cambio, María Garrote de Marcos.

Partidos políticos. El estatuto constitucional de los partidos y su desarrollo legal, María Salvador Martínez.

Los efectos de la crisis del covid-19 en el Derecho constitucional económico de la Unión Europea. Una oportunidad para repensar la relación entre estabilidad presupuestaria y gasto público, Elviro Aranda Álvarez.

Constitución económica: transformaciones y retos, José Ángel Camisón Yagüe.

Deliberación y participación ciudadanas. Derechos e instrumentos en el ordenamiento constitucional, Enriqueta Expósito.

Los derechos fundamentales económicos en el Estado social, Tomás de la Quadra Salcedo-Janini.

El Tribunal Constitucional, Camino Vidal Fueyo.

Derechos fundamentales e inteligencia artificial, Miguel Presno Linera.

El poder judicial. Configuración constitucional, desarrollo y retos, Miguel Ángel Cabellos Espiérrez.

Las prerrogativas parlamentarias, Isabel M. Giménez Sánchez.

Sanidad y Constitución, Esther Seijas Villadangos.

El derecho a la vida (ante el aborto y la eutanasia), Fernando Simón Yarza.

El derecho a la protección social contra la pobreza mediante la prestación del ingreso mínimo vital, Luis E. Delgado del Rincón.